KB266986

후진타오 시대의
중국 대외관계

아연 중국연구총서 15

후진타오 시대의 중국 대외관계

2007년 9월 17일 제1판 1쇄 발행

지은이   한석회
펴낸이   정민용
펴낸곳   폴리테이아
출판등록   2002년 2월 19일 제 300-2004-63호
주 소   서울시 종로구 홍파동 42-1 신한빌딩 2층
            전화 02-722-9960(영업), 02-739-9929, 30(편집), 팩스 02-733-9910
표지디자인   송재회
표지사진   연합뉴스

ISBN 978-89-92792-14-1 94340
            978-89-955215-7-1 (세트)

× 책값은 뒤표지에 표시되어 있습니다.
× 잘못된 책은 바꿔드립니다.

이 도서의 국립중앙도서관 출판시도서목록(CIP)은 e-CIP 홈페이지(http://www.nl.go.kr/cip.php)에서
이용하실 수 있습니다(CIP제어번호: CIP2007002799).

후진타오 시대의
중국 대외관계

한석희 지음

폴리테이아

차 례

서 문

중국의 부상은 이제 돌이킬 수 없는 국제사회의 대세로 자리매김하고 있다. 중국은 자국의 경제적 팽창과 군사력 강화, 그리고 외교적 성장을 바탕으로 지속적인 강대국화를 시도하고 있으며, 주변국들과 국제사회의 강대국들은 그 역동성과 추동력에 압도되어 공히 부상하는 중국과의 '공존'을 국가이익의 최우선 순위에 두고 있다. 필자는 지난 5년 동안 중국의 부상에 부수되는 전세계적·지역적 영향력에 대하여 관심을 가지고 다각적인 학술적 분석을 시도하였다. 구체적으로 중국의 부상과 동시에 제기되어 온 '중국위협론'과 그에 대한 중국의 대응을 중심으로 중국의 외교적 태도 변화를 학문적으로 추적하는 작업을 수행하였다.

중국의 부상과 함께 중국 내 정치의 리더십에도 변화가 있었으며, 그 정점에 후진타오(胡錦濤) 주석이 자리하고 있다. 후 주석은 최고지도자로서 자신의 지위를 공고히 하면서 한편으로는 과거와 차별화된 자신만의 외교적 태도를 보여주고 있다. 이 책에서 다루는 중국의 새로운 외교적 행태들은 모두 후 주석의 새로운 외교적 태도와 관련이 깊다. 물론 최근에 제기되고 있는 화해사회(和諧社會)적 외교전략을 깊이 다루지는 않지만, 장쩌민(江澤民)에서 후진타오로 권력이 이양되는 과정에서 나타난 중국의 외교적 변화를 주의 깊게 다룬다. 특히 제17차 당 대회를 앞두고 있는 2007년 7월 중국의 대외관계를 검토하고 외교행태를 재점검하는 것은 의미 있는 일로 보인다.

이 책은 전체 3부, 여덟 편의 논문으로 이루어져 있다. 1부에서는 중국의 부상과 관련된 한국문제를 다룬다. 먼저 1장에서는 중국의 부상과 함께 전 세계에서 회자되었던 중국위협론이 중국과 지리적으로 가장 인접한 한국에서는 오히려 주목을 받지 못하다가 21세기 들어 한국사회에서 새롭게 등장하고 있는 현상을 분석한다. 특히 한국에서 파생되고 있는 중국위협론은 안보적 측면보다는 경제적 측면에서 제기되는 경향을 보이며, 이는 한중관계의 건설적 발전에 긍정적인 효과를 가져올 수도 있다는 점을 시사한다. 2장에서는 중국에서 진행되고 있는 한반도 연구를 분석한다. 중국에서는 현재 베이징, 상하이, 산둥, 동북 지역에서 한반도 연구가 진행되고 있으며, 주로 국가급 연구소와 대학교가 이를 맡아 하고 있다. 한중수교가 이루어진 1992년에서 2002년까지 10년간 중국 내 주요 학술잡지에 발표된 한반도 연구자들의 학술논문을 검토하여 그들의 연구 성향 및 역할, 그리고 주요 쟁점을 분석한다.

2부에서는 후진타오 시대의 중국 대외관계 변화라는 제목으로 21세기 중국의 대외관계 변화를 구체적으로 다룬다. 먼저 3장에서는 다자간 지역안보 협의체로 주목받고 있는 아세안지역포럼(ASEAN Regional Forum, ARF)에 대한 중국의 외교적 태도 변화를 분석한다. 중국이 ARF에 회원으로 가입하여 활동하는 과정을 검토하며 중국의 대외관계 변화의 질적 평가를 시도한다. 즉 이 글에서는 중국의 대외관계가 변화하고는 있지만 질적 측면에서 중국의 변화는 분명 한계를 안고 있다는 점을 강조하면서, 그 한계를 극복하는 것이 현 단계 중국의 외교적 과제임을 지적한다. 4장에서는 중국 내에서 논의되고 있는 책임대국론을 다룬다. 책임대국론이란 영어의 '책임 있는 강대국'(a responsible great power) 및 중국어의 '부책임적대국론'(負責任的大國論)을 우리말로 옮긴 것으로, 국제사회에서 논의되고 있는 책임대국 논리와 중국에서 인식하는 논리에 일정한 차이가 있음을 지적하고자 한다. 중국이 강대국으로 부상하면서 주변국들 사이에 이를 우려하는 시선이 많다. 이러한 우려를 불식시키기 위해서는 중국이 진정한 의미의 책임대국적 행동을 보여야 하며, 주변국으로부터 신뢰를 얻을 수 있어야만 비로소 강대국으로 거듭날 수 있다는 점을 강조한다. 5장에서는 중국이 우호·협력적인 대외관계를 도입하게 된 이론적 배경인 신안전관(新安全觀), 즉 신안보 개념을 다룬다. 이 글에서는 중국이 전통적인 안보 개념에서 벗어나 좀 더 포괄적이고 자유주의적인 안보 개념을 도입함으로써 다자간 안보체제에 접근하는 이론적 틀을 확보할 수 있었고, 그 결과 중국의 대외관계가 긍정적인 측면으로 변화할 수 있었다는 점을 강조한다.

마지막 3부는 후진타오 외교와 동아시아 신질서 구축이라는 제목 아래 세 편의 논문으로 구성되어 있다. 6장에서는 후진타오의 등장과 함께 중앙에 진출한 중국의 4세대 지도부를 분석하면서 이들이 제기하고 있는 화평발전(和平發展) 전략의 동아시아적 의미를 알아본다. 7장에서는 북한 핵문제 해결을 위하여 2003년부터 진행되고 있는 6자회담을 조명한다. 중국이 주도하는 6자회담은 구조적인 문제와 운용상의 문제로 인하여 북한 핵문제를 해결하기에는 미흡하다는 점을 지적한다. 8장에서는 탈냉전기 중국의 대외관계를 전반적으로 다룬다. 즉 일극체제에 대한 중국적 대응으로 제기된 다극화 전략이 국제사회의 변화에 따라 추진력을 잃어 가자 중국은 다자주의 외교를 펼치며 다극화적 색채를 가미하고 있는데, 이것이 동북아시아 안보전략에 투영되고 있음을 분석한다.

최근 국내의 중국 관련 연구에서 대외관계 분야의 연구가 침체 국면에 접어들고 있다. 새로운 연구주제의 개발이 시급하다는 점을 고려할 때 이 책이 중국의 대외관계를 연구하는 데 도약의 발판이 되었으면 하는 바람이다.

2007년 9월 한석희

제1장

중국의 부상에 대한 한국의 시각

1. 서론

21세기 국제정치의 주요 화두 중 하나는 중국의 부상이다. 1978년 개혁·개방 이후 중국은 지난 20여 년 동안 연평균 9.5%의 경제성장률을 기록하면서 세계경제에 상당한 영향력을 발휘하는 경제대국으로 발돋움하고 있다. 중국의 경제적 부상은 군사력 향상에 필요한 자금을 공급함으로써 해군력과 공군력 증강에 주력하고 있는 중국인민해방군의 군사현대화 작업에 질적·양적으로 기여하고 있다. 또한 중국의 경제적·군사적 부상은 국제사회에서 중국의 정치적·외교적 역량을 강화하는 역할을 하고 있다. 중국은 국제연합(UN) 안전보장이사회의 상임이사국이자 핵무기 보유국으로서, 또 국제사회의 강력한 경제행위자로서 자국의 국제적 위상을 충분히 활용하여 안보·경제·환경문제를 포함한 각종 국제 현안에 영향력을 적잖이 발휘하고 있다.[1]

국제사회에서는 이러한 중국의 경제·안보·외교적 부상이 좁게는 아시아 지역에, 넓게는 지구 전체에 미칠 영향력에 대해 관심을 갖게 되었다. 그러나 중국

---

1 중국의 부상에 대한 긍정적인 평가는 Overholt(1993b), Rohwer(1995) 참조.

의 부상에 대하여 국제사회는 대부분 긍정적인 시각보다는 부정적인 시각으로 평가하고 있다. 중국의 부상에 대해서는 평가의 시각과 분석 영역에 따라 중국위협론, 중국무용론, 중국붕괴론 등과 같은 다양한 평가가 존재하는데, 모두가 중국의 미래에 대한 불신과 우려를 반영하고 있다. 그 예로 중국위협론은 중국의 지속적인 성장을 전제로 부강한 동아시아 지역에 대한, 좀 더 넓게는 세계에 대한 안보적·경제적 위협을 강조한다.[2] 중국무용론은 중국의 패권추구 능력을 검증하여 중국이 정치적·경제적·군사적으로 아직까지 2류 중진국에 머물고 있으며, 패권을 추구할 만한 능력이 결여되어 있다고 결론짓는다.[3] 또한 중국붕괴론은 부상하는 중국의 이면에 나타나는 국내적 모순, 예를 들면 공산당의 부패, 국영기업 문제, 금융개혁의 문제, 사회불안정 등에 초점을 맞추어 사회주의 체제의 필연적 붕괴를 주장한다.[4]

이와 같은 국제사회의 비판적 평가에 대하여 중국은 최근 중국기회론으로 자국의 입장을 대변하고 있다. 중국기회론은 1999년 주룽지(朱鎔基) 총리가 뉴욕에서 연설할 때 처음 제기하였다. 그 내용은 중국의 경제성장이 세계경제의 발전에 상당한 기여를 하고 있으며, 따라서 중국을 위협으로 간주하기보다는 기회로 보는 것이 보다 적절하다는 것이다.[5] 이러한 주장에는 중국이 '책임 있

---

[2] 중국위협론을 주장하는 연구는 Bernstein and Munro(1998), Mosher(2000), Gertz(2000) 참조. 중국위협론에 대한 포괄적인 최근의 연구는 Yee and Storey(2002) 참조.

[3] 중국무용론에 대한 대표적인 연구는 Segal(1999, 24-36) 참조. 중국의 군사적 능력에 대한 비관적인 시각은 Ross(1997, 33-44), Shambaugh(1997, 7-28), Eland(2003, www.cato.org/pubs/pas/pa465.pdf, 2003년 4월 18일 검색) 참조.

[4] 중국붕괴론을 주장하는 고든 창은 중국의 국내문제는 중국공산당의 정권 유지에 상당한 부담이 되고 있으며, 세계무역기구(World Trade Organization, WTO) 가입은 이러한 문제를 더욱 증폭시킬 것이라고 말한다. 그는 또 중국이 WTO에 가입한 뒤 5년 안에 중국의 사회주의 체제가 붕괴될 것이라고 주장한다 (Chang 2001).

[5] 중국기회론에 대해서는 『국방일보』(1999.4.15), *People's Daily*(2002.12.22) 참조. 이와 함께 중국은 중국위협론과 중국붕괴론에 대하여 직접적으로 반박하고 있다(李小華 1999, 19-24).

는 강대국'이 되기 위하여 노력하고 있다는 논리가 깔려 있다. 즉 중국은 신장되어 가는 국력을 바탕으로 강대국으로서 책임을 다하고 있으며, 특히 아시아 지역의 공동번영, 세계평화와 발전에 공헌하고 있다는 것이다. 중국은 이를 뒷받침하기 위하여 아시아 경제위기 때 인민폐의 평가절하를 유보한 사실을 근거로 내세우고 있다.[6]

그러나 중국의 노력에도 불구하고 국제사회에서는 중국에 대한 비판적인 시각이 수그러들지 않고 있다. 특히 인접국가들 사이에서는 안보 차원에서 중국위협론이 민감하게 표출되고 있다. 예를 들어 ASEAN 회원국들은 남중국해 문제에 대한 중국의 태도를 팽창전략의 일부분으로 간주하고 있으며, 군사력을 이용해서라도 대만의 독립 의지를 용납하지 않겠다는 중국의 강경한 태도는 주변국들에게 호전적 이미지를 다시 한번 각인시키는 계기로 작용하고 있다. 또, 최근 논란이 되고 있는 중국의 군사비 증액 문제나 군사현대화 문제는 중국인민해방군이 자국의 안보를 유지하는 기본 역할을 넘어서 지역패권을 향한 야심을 실현하는 데 사용될 수도 있다는 우려를 증폭시키고 있다(Yee and Storey 2002, 21-42).[7]

국제사회의 이러한 평가와는 반대로 한국은 안보 차원에서의 중국위협론보다는 경제적 차원에서 중국기회론에 더 많은 관심을 보여 왔다. 한국전쟁 당시의 군사적 적대관계와 그 이후 40년 동안 계속되어 온 이데올로기적 대치상태에도 불구하고 한국과 중국은 1992년 8월 외교관계를 정상화하였다. 이후 양국은 역사적·지리적·문화적 친밀성과 경제적 보완성에 초점을 맞추어 경제교류를 대폭 늘려왔으며 정치·문화·군사 분야에서도 상당한 수준의 관계발전을 이

---

6 중국의 책임국가론에 대한 찬반 논의는 Xia(2001, 17-26), Gill(2001a, 27-32) 참조.
7 ASEAN 국가들의 중국위협론에 대해서는 김석수(1999) 참조. 이와 달리 부상하는 중국이 앞으로 세계패권을 추구할 가능성이 희박하다는 주장은 박인휘(2001, 57-83) 참조.

루었다. 비록 15년 정도의 짧은 기간 안에 이루어진 일이지만 한중관계는 그 폭
과 깊이에서 괄목할 만한 발전을 이룩했으며, 특히 투자와 교역을 비롯한 양국
의 전반적인 경제관계에서 중국이 한국경제에 상당한 영향력을 끼치는 수준으
로 발전해 왔다. 따라서 대다수 한국인들은 중국의 부상을 한국의 안보에 대한
위협으로 간주하기보다는 오히려 경제적 재도약의 기회로 생각하는 경향이 강
하다.[8]

그러나 중국기회론이 주류를 차지하고 있는 한국사회 내에서도 최근 중국
의 경제적 부상에 따른 우려가 새롭게 제기되고 있다. 물론 이러한 우려는 아직
초기단계로 일부 엘리트들을 중심으로 제기되고 있으며, 주요 쟁점도 중국의
군사적 위협보다는 중국의 경제발전과 경쟁력 제고가 한국경제에 미치는 영향
력에 초점이 맞추어져 있다. 중국경제에 대한 이러한 새로운 시각은 1997~98년
아시아 경제위기 이후에 나타났다. 1998년 아시아 경제위기를 겪으면서 한국은
급격한 경제하락과 국제경쟁력 상실을 경험했던 반면, 중국은 세계경제의 전반
적인 침체에도 불구하고 '나 홀로 성장'을 지속하면서 주변국과의 경제적 격차
를 줄여 갔다. 특히 중국은 2001년에 베이징올림픽 개최가 결정되고 WTO에 가
입한 이후 지속적인 경제성장을 이룩하여 강대국으로 도약하기 위한 강력한 추
진력을 발휘하기 시작하였다. 거대한 국토와 13억 인구, 그리고 막대한 자연자
원을 가지고 급격히 성장하고 있는 중국이 이렇게 한국의 경쟁자로 등장하면서
한국 내에서 이를 우려하는 시각이 나타나고 있는 것이다.[9]

이 글의 목적은 중국의 경제적 부상에 대한 한국사회의 시각을 비교 관점에

---

8 한국인들이 중국을 군사적 위협으로 간주하지 않는다는 견해는 Kim Taeho(2002, 166-180) 참조.
9 한국에서는 아직까지 중국의 경제적 부상이 한국에 미치는 영향에 대하여 '위협'이라는 용어를 명확하게
쓰고 있지는 않지만, 근래 들어 신문과 잡지를 비롯한 대중매체와 기업의 연구보고서 등에서 중국의 경제적
부상이 한국경제에 미치는 부정적 영향에 대하여 우려하는 시각이 점차 커지고 있다. 이와 같은 시각에
대해서는 유진석(2001a ; 2001b), 『주간한국』(2002.8.29), 『조선일보』(2003.1.28) 참조.

16

서 분석하는 것이다. 중국의 부상에 대한 기존의 시각(안보적 차원에서 중국위협론의 부재 및 경제적 차원에서 중국기회론)은 국제사회의 일반적인 시각(중국위협론)과는 상당한 차별성을 보이며, 또한 최근에 나타나고 있는 우려의 시각은 기존의 기회론적 시각과 상반된 성격을 보이고 있다. 따라서 이 글에서는 이러한 두 가지 차별화된 시각—중국위협론 대 중국기회론, 그리고 중국기회론 대 최근의 우려의 시각—을 검토하면서 왜 이렇게 상반된 시각이 나타나는지, 그리고 이러한 시각이 향후 한중관계에 미치는 영향 등을 중심으로 논의하기로 한다.

2. 중국의 부상에 대한 일반적 논의 : 중국위협론

냉전이 종식되고 중국의 경제적 부상이 세계의 관심을 끌면서 국제사회에서는 지속적인 발전을 전제로 중국의 미래에 대한 다양한 의견들이 제시되었다. 이런 의미에서 중국위협론, 중국무용론, 중국붕괴론 등의 시각은 국제사회에서 나름의 근거를 바탕으로 중국의 앞날을 체계적으로 설명하려고 노력해 온 예로 설명할 수 있다. 그러나 그 중에서도 중국위협론은 여타의 시각에 비하여 국제사회에서 중국에 대한 인식과 이미지를 형성하는 데 상당한 영향을 미쳤다고 볼 수 있다. 따라서 중국위협론은 중국에 대한 부정적인 인식을 대표하는 시각으로 설명할 수 있다.

중국위협론은 1992년 먼로(Ross H. Munro)가 처음 제기한 이후, 여러 학자들에 의해 설득력 있는 주장으로 발전하였다. 그 핵심 논지는 중국이 지속적인 성장을 발판으로 아시아에서 패권을 추구할 것이며 이는 아시아의 안보환경과 미국의 지역적 안보이익에 부정적 영향을 미친다는 내용으로 요약할 수 있다.[10] 일반적으로 중국 연구자들은 중국의 부상과 함께 제기되는 위협적인 패권지향성을 입증하기 위해서 중국이 패권을 추구할 만한 능력과 의지가 있는지에 대한 검증을 시도하고 있으며,[11] 중국위협론자들은 중국이 지역패권을 추구하려는 의지를 가지고 능력을 배양하고 있다고 주장한다.

1) 중국의 패권추구 능력

중국위협론자들은 중국의 패권추구 능력에 대해서 국방예산 증액과 군사현대화 작업을 근거로 내세우고 있다. 1989년 천안문사태 이후 중국의 공식적인 국방예산은 지속적으로 증가하고 있으며, 특히 1994년 이후부터는 두 자리 숫자의 증가율을 보이며 계속 증액되어 오고 있다(〈표 1-1 참조〉).

중국이 지속적으로 국방예산을 증액시키는 데 대해서 많은 주변국들이 우려의 목소리를 높이고 있지만, 사실 중국의 공식적인 국방예산의 절대액수는

〈표 1-1〉 중국의 국방예산 (단위 : 10만 달러)

연도	1992	1992	1994	1995	1996	1997	1998	1999	2000	2001	2002	2004	2006
액수	6.8	7.4	6.3	7.5	8.7	10.0	11.2	13.1	14.7	17.5	20.4	29.9	35.5

자료 : 『中國的國防』白皮書, 1997, 2000, 2002, 2004, 2006.

---

10 이러한 주장은 다음의 글들에서 자세히 나타나고 있다. Munro(1992, 10-17), Huntington(1996), Roy(1994, 149-168), Bernstein and Munro(1998).
11 중국의 위협적 패권을 검증하기 위하여 능력, 의지, 그리고 중국의 패권에 대한 타국의 인정이라는 세 가지 변수가 일반적으로 사용되고 있다(Shambaugh 1997, 7-28 ; Kim Taeho(1998, 321-363). 그러나 중국의 패권에 대한 타국의 인정이라는 세 번째 변수는 그 적용성이 떨어지는 관계로 이 글에서는 능력과 의지의 두 가지 변수만을 사용한다. 로이(Denny Roy)도 능력과 의지를 연성조건(soft arguments)과 경성조건(hard arguments)으로 지칭하면서 중국위협론에 대한 논의를 이 두 가지 변수로 분석하고 있다(Roy 1996, 758-771).

18

미국과 일본의 국방예산과는 비교할 수 없을 정도로 낮은 수준이다. 그 예로 미국, 일본, 중국의 2002년 국방예산을 비교해 보면 미국은 3,790억 달러, 일본은 450억 달러를 책정한 반면, 중국은 204억 달러에 그쳐 미국의 5.4%, 일본의 절반에도 못 미치는 수준이다. 그러나 중국위협론자들이 주장하는 논의의 핵심은 중국의 공식적인 국방예산이 실질적인 국방지출과 잠재적인 수입근거를 제대로 반영하고 있지 않다는 데 있다.[12]

중국의 공식적인 국방예산을 산정하는 과정에서 적어도 다섯 가지 항목 — 군사연구비, 민병유지비, 무장경찰 유지비, 무기생산 보조비, 무기판매 수입 — 이 제외되어 있으며, 이를 모두 합산하여 산출한 실질적인 국방예산은 공식 국방예산의 네 배에서 아홉 배까지 많다고 볼 수 있다.[13] 따라서 이러한 항목들을 모두 포함하여 계산한 2002년 중국의 실질 국방예산은 적어도 1,000억 달러가 넘는 것으로 추측된다. 이는 일본의 두 배가 넘는 액수로서 아시아 각국의 국방예산 중 최대 규모로 기록될 수 있다. 이와 같은 중국의 국방예산 증가는 일본 및 ASEAN 회원국들을 포함한 주변국들 사이에 안보에 대한 우려를 자아내고 있다. 특히 이들 국가들은 아편전쟁 이래로 가장 안정적인 국내외 환경에 직면하고 있음에도 중국이 국방예산을 증액하는 의도를 지역패권 추구 내지는 군사적 팽창에 대한 준비로 인식하고 있다(Roy 1996, 759).

또한 중국의 군사현대화 작업도 중국위협론자들의 주장을 뒷받침하는 근거로 작용하고 있다. 중국은 낙후된 기술로 인하여 무기현대화 작업의 대부분을

---

12 중국의 국방예산의 문제점에 대한 심도 있는 연구는 Gill(1999, 195-227), Wang(1996, 889-911), Ding(1996, 428-442) 참조.

13 중국 정부의 공식적인 통계 외에도 중국의 국방예산에 대한 통계는 스톡홀름국제평화연구소(Stockholm International Peace Research Institute, SIPRI), IMF(International Monetary Fund), 세계은행(World Bank), 그리고 미 군축국(the Arms Control and Disarmament Agency, ACDA) 등 여러 기관에서 나오고 있으나 각 기관마다 상당한 차이가 있다. 이와 같은 차이는 통계에 사용되는 항목이 서로 다른 데에서 기인한다 (Wang 1996, 889-911 ; Gill 1999, 428-442).

외국에서 무기를 들여오는 데 의존하고 있으며 주요 수입국은 러시아이다. 중국이 러시아에서 도입한 무기들은 SU-27(FLANKER) 전투기 50대, 킬로(Kilo)급 잠수함 4대(2대는 877EKM형, 2대는 636형), 소베르메니(Soveremenny) 구축함 2대 등이며 이 밖에 공중급유 기술도 도입하였다(Khalilzad 1999b, 27-62). 더욱이 중국은 오래전부터 항공모함의 구입 또는 구축에 상당한 관심을 보이고 있으며, 군사현대화 성공의 상징으로서 러시아 기업과 항공모함 건조 계약을 추진 중이다(Kristof 1993, 65-67). 이러한 무기현대화 작업을 두고 중국위협론자들은 중국인민해방군이 도입하고 있는 무기들은 대부분 장거리 군사작전을 위한 공군력과 해군력 증강에 집중되고 있으며, 이는 자국의 안보증진보다는 군사적 팽창에 효율적으로 사용될 수 있다고 평가한다. 이를 바탕으로 중국위협론자들은 중국의 국방현대화 작업의 목적도 국경을 넘어선 지역에까지 영향력을 미칠 수 있는 군사적 능력 배양에 있다고 주장한다.

중국의 군사적 능력 배양은 주변국들, 특히 일본과 ASEAN 회원국들에게 안보상의 두려움을 주고 있다. 현재 중국과 일본, ASEAN 국가들 사이에는 영토문제를 포함한 몇 가지 분쟁적 쟁점들이 존재하고 있다. 중일 간의 댜오위다오(釣魚島)/센가쿠 분쟁을 비롯하여 남중국해의 난사(南沙)군도(스프래틀리군도), 시사(西沙)군도(파라셀군도), 둥사(東沙)군도(프라타스군도), 중사(中沙)군도(마크레스필드군도)를 둘러싼 중국과 ASEAN 국가들의 분쟁, 남중국해에 대한 중국의 해군 통제력 확장, 그리고 대만문제 등을 들 수 있다.[14] 따라서 일본과 대만, ASEAN 국가 등 중국과 민감한 안보문제가 얽혀 있는 국가들은 중국이 해군력과 공군력 증강을 중심으로 군사현대화 작업을 추진하는 것을 위협으로 인식할

---

14 남중국해 문제에 대한 포괄적인 연구는 Garver(1992, 999-1028), Valencia(1995) 참조. 대만문제와 남중국해 문제에 대한 중국과 상대국의 입장에 대해서는 한석희(2002a, 381-382) 참조.

수밖에 없다. 이들 국가들은 중국의 군사적 위협을 덜기 위하여 1990년대 초반
부터 중국의 군사투명성 제고를 주장해 왔으며, 중국도 이에 부응하여 여섯 차
례(1995, 1998, 2000, 2002, 2004, 2006)에 걸쳐 국방백서를 출간했다. 그러나 중국
의 국방백서는 군사력이나 무기체계, 군사계통 등 군사적 능력에 대한 구체적
인 설명이나 정보의 공개보다는 인민해방군을 홍보하는 내용이 주류를 이루어
오히려 주변국들의 우려를 증폭시키고 있다.[15]

2) 중국의 패권추구 의지

중국위협론의 근거는 중국의 능력에 대한 평가보다는 중국이 패권추구에
대한 확실한 의지를 가지고 있다는 논리에서 더욱 뚜렷이 나타나고 있다. 이러
한 주장은 미국을 중심으로 한 서구의 학자들 사이에서 주로 제기되고 있다. 그
들은 중국의 팽창주의적 성향을 중국의 전통문화적 측면, 역사적 측면, 그리고
정치체제적 측면에서 찾고 있다. 우선 이들은 존스턴(Alastair Iain Johnston)의 연
구를 바탕으로 중국의 전략문화(strategic culture)가 폭력지향적이며, 안보에 대
한 중국의 전통적 접근법은 현재 국제정치학에서 논의되고 있는 현실주의
(realpolitik)에 가깝다고 주장한다(Yee and Storey 2002, 8). 존스턴에 따르면 유가
(儒家) 중심의 전략문화는 외교적·경제적 동기 또는 자기계발을 통한 상대방의
제압을 전제로 평화지향적인 모습을 강조하고 있으나, 이는 다분히 자국의 행
위를 정당화하기 위한 상징적인 형태에 불과하고, 실질적으로 중국은 전통적인

---

15 1995년, 1998년, 2000년도 국방백서의 영문 내용은 중화인민공화국 외교부 웹사이트 참조(www.fmprc.
gov.cn/eng/c13642.html, 2003년 3월 21일 검색). 2002년도 국방백서는 『인민일보』 영문판 참조(english.
peoplesdaily.com.cn/features/ndpaper2002/nd/html, 2003년 3월 21일 검색).

전략에서 힘에 의한 안보위협의 제거를 중심으로 방어적인 전략보다는 공격적인 전략을 선호한다(Johnston 1995). 따라서 중국위협론자들은 중국의 근본적인 팽창적 성향을 비판하면서, 이러한 성향이 중국의 부상과 함께 패권추구 의지로 나타날 것이라고 주장한다.

전통문화적 측면에서 중국위협론의 근거는 중국의 민족주의와도 연결된다. 냉전의 종식과 함께 중국에서 나타나고 있는 민족주의는 실용주의적 민족주의로 대표되며, 이는 중국의 대외관계 형성에 결정적인 역할을 하고 있다(이동률 2001, 257-277). 특히 중국 위정자들의 입장에서 볼 때 탈냉전기의 세계적 조류로 나타나고 있는 공산주의의 위기는 중국의 국가이익과 국가존립을 위협하는 외부적 도전으로 인식되고 있다. 이러한 위기에 직면하여 중국공산당은 중국 사회주의에 대한 국민적 지지와 국제적 위상을 제고하기 위하여 민족주의를 강조하고 있다. 중국의 민족주의로부터 비롯된 대외적인 갈등은 1995~96년 대만 주변에 대한 중국의 미사일 훈련과 중미 사이의 군사적 대치, 1999년 5월 베오그라드 주재 중국대사관에 대한 나토군의 오폭, 2001년 4월 하이난(海南)섬 상공에서 일어난 중국 전투기와 미국 정찰기 충돌 사건 등에서 구체적으로 나타나고 있다. 이와 같은 사건들은 중국의 부상을 위협으로 간주하는 근거로 제시되고 있다(한석희 2002b, 117-138).

또한 중국위협론자들은 국제정치의 현실주의자들의 주장을 전제로 중국의 부상이 필연적으로 패권전쟁을 일으킬 것이라고 주장한다. 현실주의자들은 한 국가의 경제적·군사적 능력이 강력해짐에 따라 그 국가는 자국의 힘을 바탕으로 국가이익을 확대해 나가고 이는 국제체제에서 패권국과의 국가이익 충돌로 이어질 것이며, 따라서 기존의 국제체제를 변화 또는 전복시키려는 패권전쟁이 불가피해진다고 주장한다.[16] 중국위협론자들은 중국의 부상을 전통적인 강대국의 출현과 동일시하며 20세기 초반의 메이지 일본, 나치 독일, 그리고 구소련이 강대국으로 등장할 때 보여주었던 공격적 성향이 중국에서도 공

22

통적으로 나타날 것이라고 믿고 있다. 따라서 이들은 중국이 국제사회에서 패권을 추구하고 그것을 과시하는 과정에서 국제안보에 심각한 위협을 가할 것이라고 주장한다.[17]

마지막으로 중국위협론자들은 중국의 권위주의적 사회주의 정치체제를 중국위협론의 근거로 제시한다. 냉전 종식 후 국제체제는 자유민주주의와 시장경제를 중심으로 재편되고 있으며, 특히 민주주의는 인류 역사의 마지막 발전단계로서 탈냉전기 국제사회가 나아가야 할 발전방향으로 제시되고 있다(Fukuyama 1992). 또한 민주주의 국가들 사이에서는 전쟁이 일어나지 않는다는 민주주의 평화론은 민주주의 체제와 평화를 동일시하고, 비민주적 체제와 전쟁을 직결시키는 극단적인 공식을 설정하는 이론적인 틀을 제공하게 되었다(Doyle 1996, 1-69). 이러한 시각을 바탕으로 중국위협론자들은 범세계적으로 확산되고 있는 화평연변(和平演變, peaceful evolution)과 대내적 정치개혁을 부정하고 평화공존을 근거로 아직도 권위주의적 사회주의 정치체제를 유지하고 있는 중국을 이단적인 국가로 간주한다. 또 중국의 이러한 태도는 필연적으로 중국을 호전적인 지역패권국으로 이끌 것이라고 주장한다(Yee and Storey 2002, 3-4).

최근에는 중국의 객관적 군사능력에 상당한 제약이 있음에도 아시아 지역 안보에 위협이 될 수 있다는 보다 공격적인 연구가 제시되고 있다(Christensen 2001). 이 연구는 아시아에서 안보적으로 가장 불안정한 지역을 대만해협으로 전제하고, 미래의 중국이 대만을 무력으로 정복 또는 점령할 수 있는지에 대한 검증을 시도하였다. 그 결과 중국이 비록 객관적인 군사능력에서는 미국에 전

---

16 현실주의적 입장에서 강대국의 출현과 함께 나타나는 위험성과 이에 대한 대응을 체계적으로 분석한 연구는 Schweller(1999, 1-31) 참조.
17 사실 이와 같은 논리는 대(對)중국 봉쇄주의자들의 주장에 많이 나타난다. 대중국 봉쇄정책에 대해서는 Waldron(1995, 17-21), Rachman(1996, 129-140), Segal(1996, 107-135) 참조.

혀 상대가 되지 않지만, 미국이 다른 전쟁에 개입하고 있는 시점에 대만해협이라는 제한된 지역에 기습공격을 감행할 경우 승산이 있다는 결론을 도출하고 있다. 사실 중국은 전자전 내지 정보전과 같은 새로운 형태의 전쟁에 대하여 상당한 준비가 되어 있으며, 섬이라는 지정학적 성격을 이용하여 대만에 대한 해상봉쇄 전략 및 대만 상륙작전에 대한 연구를 계속하고 있다(Eland 2003, 9-11).

이와 같이 중국위협론자들은 중국의 패권주의적 의도와 증강되는 군사적 능력을 근거로 중국이 국제질서와 지역안보에 위협이 되고 있다고 평가한다. 실제로 이 같은 평가는 지역영토분쟁, 대만문제, 그리고 중미 간의 마찰에 대한 중국의 태도와 맞물려 주변국들 사이에서 중국위협론이 확산되는 결과로 나타나고 있다.

3. 중국의 부상에 대한 한국의 기존 시각

위에서 살펴본 바와 같이 일반적으로 중국의 주변국들 사이에서는 중국위협론을 중심으로 부정적인 시각이 지배적인 견해로 나타나고 있다. 그러나 중국의 부상을 평가하는 기준은 각 나라가 처한 상황과 중국과의 국가이익 마찰 등에 따라 달라진다. 특히 한국은 중국의 가장 가까운 주변국이면서도 다른 주변국들과는 차별화된 방향에서 중국의 부상을 평가하고 있다. 일반적으로 한국인들은 중국에 대하여 상당한 호감을 나타내며(Chung 2001),[18] 중국의 부상을 긍정적인

---

18 2002년 2월 한국갤럽의 조사에서 "중국을 얼마나 좋아하십니까?"라는 질문에 응답자의 59.5%가 좋다고 대답했으며, 7.8%만이 싫다고 응답하였다(panel.gallup.co.kr/svcdb/main.asp, 2003년 3월 25일 검색).

시각에서 평가하고 있다. 중국에 대한 한국의 평가는 두 가지 차원에서 논의할 수 있다. 첫째는 안보적 차원이고, 둘째는 경제적 차원이다. 한국은 안보적 차원에서 중국을 체제위협 세력보다는 현상유지 세력으로 파악하고 있으며, 경제적 차원에서 중국의 부상을 경제성장의 기회로 평가하고 있다. 이러한 한국 특유의 평가가 나타나게 된 원인을 다음과 같은 요인에서 찾아볼 수 있다.

1) 현상유지 세력으로서의 중국

1950년 10월 중국인민의용군이 한국전쟁에 참전한 이래로 한국과 중국은 40여 년 동안 적대적 관계를 유지해 왔다. 1953년 한국전쟁의 종식과 함께 한반도에 형성된 남북 간의 냉전적 분단구도는 중국과 북한이 동맹관계를 맺고 미국과 남한이 동맹관계를 수립함에 따라 좀 더 경직된 틀로 존재하게 되었다. 이러한 구도 아래에서 한국과 중국은 서로 상대방을 적국으로 간주하여 상호간 외교적 승인을 거부하고, 대화나 협상의 통로도 없이 상대방에 대한 봉쇄정책으로 일관해 왔다. 그러나 1980년대 중반부터 한국과 중국의 관계는 양국 간에 교역이 시작되면서 변화하기 시작하였다. 비록 제3국을 통한 우회교역이 대부분이었지만 한중 양국은 점차 증가해 가는 경제적 상호교류를 바탕으로 외교적인 관계 개선을 시도하였고, 이는 남북 간의 민감한 쟁점들에 대한 중국의 태도 변화에서 구체적으로 나타나기 시작하였다. 그 예로 1990년대 초반부터 중국은 북한의 외교적 압력에도 불구하고 한국을 한반도 내의 합법적인 정부로 인정하고, 한국과 북한의 UN 동시 가입을 적극적으로 지지했을 뿐 아니라 북한의 핵 개발 의도에 대해서도 분명한 반대의사를 밝혔다.[19]

　　이러한 외교적 관계 변화를 토대로 한국과 중국은 1992년 8월 24일 국교정상화를 단행했으며, 이는 중국에 대한 한국의 시각이 변화하는 계기가 되었다. 중국은 북한과의 전통적인 동맹관계를 유지한 상태에서 한국과 외교관계를 수립하였다. 한중 외교관계의 수립은 과거 북한 일변도의 정책을 바탕으로 대남 무력통일을 포함한 북한의 대외정책을 적극적으로 지지해 왔던 중국이 대(對)한반도 정책을 수정하여 '두 개의 한국' 정책으로 전환했다는 것을 의미한다. 중국이 '두 개의 한국' 정책으로 전환한 것은 한반도 정책에서 통일보다는 평화유지에 더 많은 비중을 두고 있다는 것을 뜻하기 때문에 한반도에서 북한의 도발적 행위 및 폭력적인 대남통일 계획 등에 더 이상의 지지를 자제하는 변화를 보이게 되었다. 한국에서는 이러한 중국의 변화가 한반도의 평화와 안정에 상당한 기여를 한다고 평가했으며, 따라서 한중수교 이후 중국을 현상유지 세력으로 간주하는 경향이 강하게 나타났다(Cha 1999, 32-56).

한국이 중국을 현상유지 세력으로 간주하는 또 하나의 이유는 중국과 북한의 관계 때문이다. 한국전쟁 이후 지금까지 한국의 안보에 가장 위협적인 존재는 역시 북한이다. 남북한의 경계인 휴전선 부근은 아직까지 전 세계에서 군사력이 가장 집중되어 있는 곳 중 하나이며, 한반도는 전 세계의 탈냉전적 분위기에도 불구하고 여전히 냉전적 대치상황이 계속되고 있는 마지막 지역이기도 하다. 그러나 북한이 중국의 전폭적인 지원 없이 남한에 대한 군사적 도발을 감행한다는 것은 현실적으로 불가능한 일이다. 중국은 아직도 북한에게 외교·군사·경제 등에 걸쳐 지원을 하고 있으며, 국제무대에서 북한과 다른 나라와의 외교 문제 해결에 기여하는 정치적 후원자의 역할을 하고 있기 때문이다.[20] 또한 중

---

19 한반도를 둘러싼 중국과 북한 그리고 중국과 한국의 관계에 대해서는 Lee(1996) 참조. 빅터 차(Victor Cha)는 한중 경제교류를 통하여 양국이 외교적으로 가까워진 원인을 한국의 대중국 포용정책에서 찾고 있다(Cha 1999, 32-56).
20 탈냉전기 북한과 중국의 관계에 대해서는 이종석(2000, 276-288) 참조.

국은 북한과 우호적인 관계를 유지하면서 북한이 필요로 하는 식량의 40%와 석유의 90%를 지원하고 있으며(『Time』 2002.12.23), 이를 바탕으로 북한의 체제유지에 직접적인 영향을 미치는 가장 중요한 동맹국이기 때문이다(You 2001, 387-388).

그러나 중국은 개혁·개방 이후 자국의 지속적인 경제발전을 위해 평화로운 국제환경을 선호하고 있으며, 특히 지정학적 중요성을 지닌 한반도에서 평화와 안정을 지속시키기 위해 노력하고 있다. 또한 50년 동안 이어져 온 북한과의 동맹관계에도 불구하고 양국은 정치적·이데올로기적·경제적·군사적으로 공동의 관심사가 점차 줄어들고 있으며, 따라서 중국의 입장에서는 북한의 전략적 중요성이 떨어지고 있는 상황이다(You 2001, 388-392). 이 두 가지 조건을 고려할 때 중국은 한반도의 군사적 불안정, 특히 북한에 의한 군사적 위기 발생에 상당히 민감하게 반응하며 그것만은 막기 위해 노력하고 있다. 따라서 중국은 한반도의 평화와 안정을 유지하기 위하여 상당한 역할을 하고 있으며, 주변국들로부터 그 역할을 요구받기도 한다.

실제로 1994년 북한 핵위기는 중국의 적극적인 외교적 노력에 의해 평화적으로 해결될 수 있었으며, 2002년 10월부터 진행되고 있는 북한 핵문제 해결과정에서도 미국을 비롯한 많은 관련국들이 북한에 대하여 좀 더 비중 있는 외교적 노력을 해줄 것을 중국에 촉구하고 있다.[21] 이와 같이 중국은 자국이 한반도에서 갖는 영향력을 이용하여 한반도의 군사적 불안정을 막기 위해 노력하고 있다. 한국의 입장에서 이러한 중국의 태도는 한반도의 안보를 위협하기보다는 평화와 안정을 유지하는 현상유지 세력으로 평가되고 있다.

---

[21] 특히 2002~03년 북한 핵위기에 직면하여 미국을 비롯한 아시아 국가들은 중국이 북한에 대하여 행사할 수 있는 정치적 영향력을 이용하여 북한이 핵개발 재개를 중단하도록 조치할 것을 촉구하고 있다. 이에 대해서는 『The Economist』(2003.2.15), 『Far Eastern Economic Review』(2003.3.6) 참조.

2) 경제성장을 위한 기회로서의 중국

최근 한중관계는 경제·군사·외교·문화 등 각 방면에서 긴밀한 교류가 이루어지고 있으며, 한국의 발전과 관련하여 중국의 중요성이 급격히 증대되고 있는 상황이다(Chung 2001, 781-785). 특히 한중관계에서 가장 중요한 경제교류는 한중수교 이후 폭발적인 성장을 거듭해 오고 있다. 비록 1998년 아시아 금융위기로 인한 한국의 경제성장 둔화로 잠정적인 하락세를 경험하긴 했지만, 2001년부터 양국 간의 경제교류는 지속적인 증가세를 보이고 있다. 짧은 기간이지만 지난 15년 동안 중국은 한국의 경제성장에서 가장 중요한 파트너가 되었으며, 한국경제의 중국 의존도도 꾸준히 높아지고 있다(Chung 2001, 781). 또한 아시아 금융위기를 극복하면서 경험한 바와 같이 중국경제의 지속적인 성장은 한국이 경제위기를 타개하는 데 긍정적인 역할을 하였다. 따라서 대부분의 한국인들 사이에 중국의 경제적 성장이 향후 한국의 경제발전에 기회로 작용할 것이라는 시각이 확산되어 있다.

한국에서 중국기회론이 나타나게 된 주요 원인을 우선 한중교역에서 찾아볼 수 있다. 한중교역은 양국이 수교를 맺은 1992년에 64억 달러 수준이던 것이 13년 만에 열다섯 배의 성장을 이룩하여 2005년에는 1,000억 달러를 기록하였다(〈표 1-2〉 참조). 이처럼 대중(對中) 교역량이 증가함으로써 중국은 이미 미국을 제치고 제1의 무역대상국이 되었으며, 한국의 전체 교역량에서 대중 교역량이 차지는 비율이 2000년 기준으로 9.4%에 달하게 되었다.[22] 또한 중국은 한국이 경상수지를 흑자로 유지하는 데 중요한 역할을 하고 있다. 한국은 수교 당해인 1992년을 제외하고는 지금까지 대중국 교역에서 계속 흑자를 기록해 왔으며

---

[22] 삼성경제연구소에 따르면 2000년 중화경제권(홍콩 및 대만 포함)에 대한 한국의 수출은 372억 달러로 총수출의 21.6%를 기록했으며, 2002년에는 그 비율이 미국을 앞질러 1위를 차지했다(유진석 2001b, 3 ; 『조선일보』 2002.11.13).

<표 1-2> 한중 수출입 추이와 한국의 무역흑자 (단위 : 10만 달러)

연도	1992	1994	1995	1996	1997	1998	1999	2000	2002	2004	2005
수출	2.7	6.2	9.1	11.4	13.6	11.9	13.7	18.5	21.2	49.8	62.0
수입	3.7	5.5	7.4	8.5	10.0	6.5	8.7	12.8	15.7	29.5	38.6
흑자	-1.0	0.7	1.7	2.9	36	5.4	6.0	.5.7	5.5	20.3	23.4

자료 : 한국수출입은행.

그 액수도 점점 늘어 가는 추세이다. <표 1-2>와 같이 한국경제가 아시아 경제 위기로 침체에 빠져 있을 때 한국의 대중국 교역 흑자는 평균 50억 달러 이상을 기록하여 경제위기에서 벗어나는 데 중국이 상당한 역할을 했음을 알 수 있다. 특히 중국의 WTO 가입으로 시장개방이 확대됨에 따라 대중국 수출이 증가하고 있는 것은 중국의 경제적 성장이 한국의 경제발전에 기회로 작용하고 있다는 하나의 예로 볼 수 있다.

한국의 대중국 투자 또한 한국에서 중국기회론이 확산되는 한 원인으로 꼽을 수 있다. 투자 건수와 액수를 중심으로 살펴볼 때, 한국의 대중국 투자는 1992년 한중수교 이전의 101건 6,500만 달러에서 1996년 734건 8억 8,800만 달러로 비약적인 성장세를 보이다가 1999년 IMF 위기와 함께 454건 3억 3,700만 달러로 감소하였다. 그러나 2001년 1,020건 8억 3,100만 달러 투자를 바탕으로 2002년부터는 점진적인 회복세를 보이고 있다(<표 1-3> 참조). 중국은 이미 한국의 최대 투자대상국으로 부상하였으며, 투자 건수와 액수로 볼 때 한국 기업들의 대중국 투자는 지속적으로 증가하는 추세이다.

한중수교 이후 한국 기업들은 국내의 고임금에 따른 수출품의 가격경쟁력 약화를 극복하기 위하여 노동집약적인 산업을 중심으로 중국에 진출했으며, 특히 중소기업 위주의 투자가 활발하게 이루어졌다. 그러나 1990년대 중반부터는 중소기업에 이어 대기업이 중국에 진출하는 투자형태가 두드러지게 나타나고 있다. 특히 WTO 가입과 함께 중국은 세계에서 가장 매력적인 투자대상 지역으로 부상

<표 1-3> 한국의 대중국 투자현황

연도	중국	
	건수	금액(백만 달러)
~1991	101	65
1992	170	141
1993	381	264
1994	841	633
1995	748	838
1996	734	888
1997	628	716
1998	258	678
1999	454	337
2000	776	710
2001	1,020	831
2002	1,381	1,020
2003	1,979	1,690
2004	2,151	2,270
2005	2,232	2,580
계	13,600	13,550

자료 : 한국수출입은행.

하고 있으며, 이에 따라 한국의 대중국 투자도 급격히 신장될 것으로 기대하고 있다.[23]

이처럼 경제적 차원에서 중국을 기회라고 평가하는 경향은 양국 간의 사회·문화적 교류의 증가에도 영향을 미치고 있다. 한국과 중국 간의 인적교류는 비약적으로 증가하여 중국을 방문하는 한국인의 수는 1992년 9만 명에서 2005년 350만 명으로 급증했으며, 한국 국적 항공기가 중국 전역의 20개 도시에 매주 338회 운항하고 있다.[24] 특히 중국에 대한 관심을 반영하듯 중국에 유학하는 한국학생 수가 급격한 신장세를 보이고 있다. 1993년 교육 분야에서 공식적인 교류가 시작된 이래로 한국 유학생 수가 꾸준히 늘어나는 추세를 보이고 있으며, 2002년 말 현재 중국 전역에서 유학하고 있는 한국학생 수는 4만 5,000명으로 중국에서 유학하고 있는 외국학생 국가별 순위에서 1위를 차지하고 있다. 또한 중국에서 공부하는 한국 유학생이 전체 한국 유학생의 25%를 차지하고 있는데, 이는 한국사회 내의 중국기회론을 반영하는 현상이라고 볼 수 있다.

---

23 한중수교 이후 한국의 대중국 투자에 대한 포괄적인 평가는 김주영(2001) 참조.
24 www.sina.com.cn ; post.baidu.com/f?kz=181088417.

4. 중국의 부상에 대한 한국의 새로운 시각 : 중국경제경계론

일반적으로 한국인들은 중국에 대하여 호감을 가지고 있으며, 이는 한국의 일반 대중 사이에서 중국의 경제적 부상을 한국경제의 기회로 평가하는 결과로 나타나고 있다. 그러나 1997~98년 경제위기를 겪으면서 한국의 대외경쟁력이 심각하게 퇴조한 반면, 중국은 지속적인 성장세를 유지했고 이 과정에서 경제력이 급격히 신장되자 한국에서 소수의 엘리트들을 중심으로 중국을 우려하는 시각이 조심스럽게 제기되었다.[25] 물론 중국의 부상과 함께 달라이 라마 방한 문제에 대한 중국의 반대, 한국인 범죄자 및 탈북자 처리에 대한 한중 간의 외교적 갈등도 한국 내에서 중국에 대한 우려를 자극하는 요인으로 작용하고 있지만, 중국에 대한 우려는 대부분 경제적인 측면에서 기인하고 있다. 특히 중국은 WTO 가입과 2008년 올림픽 개최, 그리고 2010년 세계박람회 개최 결정 등과 함께 자국의 경제적 성장에 대하여 강한 자신감을 갖게 되었으며, 또한 실제로도 교역과 투자 면에서 아시아 지역의 강력한 경제 중심으로 부상하였다.[26] 이와 같이 중국이 급부상하자 한국은 중국을 경쟁자로, 또 경제적 우려의 대상으로 간주하게 되었다.[27]

최근 들어 중국의 부상에 대한 한국의 우려는 수출 방면에서 제기되고 있다.

---

25 여기서 얘기하는 소수의 엘리트는 기업, 언론, 학계에서 활동하는 중국 전문가들로서, 이들이 중국에 대해 우려하는 시각은 신문, 잡지 등의 대중매체와 연구보고서 등에 잘 나타나 있다. 그러나 또 하나의 엘리트 집단인 정부 관료들은 중국의 부상에 따른 한국의 경제적 영향에 대해 우려하기보다는 한중 경제교류의 증가에 따른 다소간의 마찰을 인정하는 수준에서 자신들의 시각을 반영하고 있다. 정부 관료의 입장은 외교통상부(2002, www.mofat.go.kr/ko/info/board_list.mof?b_code=board_2, 2003년 3월 29일 검색) 참조.
26 중국의 WTO 가입에 따른 한국의 경제적 영향에 대한 연구는 전재욱·최의현(1999, 84-91), 한홍렬(2001, 133-160) 참조. 올림픽 유치와 그에 따른 중국의 지속적인 경제발전에 대한 전망은 유진석(2001c) 참조.
27 연세대학교 사회과학연구소가 2001년 12월 전국의 대학생을 대상으로 조사한 자료에 따르면, "중국의 WTO 가입 등으로 '중국위협론'이 대두되고 있습니다. 귀하는 '중국위협론'에 대해 어떻게 생각하십니까?"라는 질문에 응답자의 91.4%가 중국위협론에 대비해야 한다고 응답했다.

한국의 경제 전문가들은 중국의 수출 확대에 따른 한국의 수출시장 축소를 심각한 문제로 지적하고 있다. 중국 기업들은 저비용 중심의 혁신적인 수출 거래를 발전시킴으로써 과거 아시아의 네 마리 용(한국, 대만, 홍콩, 싱가포르)이 세계시장에서 높은 점유율을 차지했던 전자제품을 포함한 여러 상품시장을 잠식해 가고 있다. 중국 제품과 한국 제품은 세계시장에서 점차 경쟁의 강도를 높여 가고 있으며, 한국 제품은 중국 제품과의 가격경쟁에서 견디지 못하고 미국과 일본 등지에서 밀려나고 있다.

그 예로 최대 수출시장인 미국에서 중국 제품의 시장점유율은 1995년 6.1%에서 2002년 1~5월 9.4%로 상승한 데 반해, 한국 제품의 시장점유율은 1995년에 3.3%에서 오히려 3.1%로 줄어들었다(김현진 2002, 20-21 ; 유진석 2001b, 5-6). 한국은 백색가전, 섬유, 신발, 농기계 등 전통적인 수출 품목에서 이미 중국에 추월당했으며, IT를 포함한 첨단산업에서도 중국과의 기술 격차가 계속 줄고 있는 상황이다. 2006년 현재 중국은 이동통신 부문에서 2~3년, 반도체 부문에서 6~8년 정도의 기술 격차를 보이고 있으나, 2010년에는 한국과 동일한 수준으로 성장하거나 한국을 능가할 가능성이 높아 세계시장에서 한국 제품과 중국 제품의 전면전이 불가피한 것으로 평가되고 있다.[28]

한중교역에서도 한국의 엘리트들은 중국의 비관세 무역장벽 강화 조치와 이에 따른 통상 마찰의 증가로 한국의 대중국 수출이 타격을 받고 있다는 점을 우려하고 있다.[29] 중국은 WTO 가입과 올림픽 개최 결정 등에 따라 국내시장 개방을 확대하고 있으며, 이 과정에서 자국의 산업을 보호하기 위하여 반덤핑 규제를 강화하고 있다. 특히 중국은 한국 제품에 대한 수입 규제를 대폭 강화하고

---

28 이와 같은 주장은 진대제 전 삼성전자 사장이 제기하였다(『조선일보』 2002.10.7, 2003.1.28).
29 중국의 한국 제품 수입 규제를 우려하는 시각은 한국무역협회(2003) 참조.

있다. 그 원인은 한국의 대중국 무역수지 흑자가 지속되고 석유화학제품, 철강 제품 등의 집중적인 중국 수출로 이 분야에서 중국의 대한(對韓) 의존성이 증가 하는 데서 찾아볼 수 있다.[30] 2003년 현재 중국이 한국에 대하여 수입 규제 조치 를 취하고 있거나 조사를 진행 중인 건수는 16건으로, 한국이 중국의 제1 수입 규제 대상국으로 기록되고 있다. 한국 제품에 대한 수입 규제는 해마다 강화되 는 추세이며, 규제 분야도 과거 철강, 석유화학, 제지 등 전통산업에서 최근에는 첨단산업으로 확대될 가능성을 보이고 있다. 중국은 2003년 1/4분기 한국산 광 섬유에 대한 반덤핑 조사를 개시하는 방안을 개시했으며, 휴대전화기와 자동차 등 주력 수출품에 대해서도 중국 업계가 수입 규제를 요구했다. 중국이 수입을 규제한 품목은 추가 관세 등으로 수출이 급감하며 중국시장 점유율이 급락하고 있다. 2003년 3월 전국인민대표대회에서 결정된 상무부(商務部)의 발족과 함께 한국에 대한 통상 압력은 더욱 거세졌다.[31]

투자 분야에서도 한국의 엘리트들은 중국의 부상을 경계하고 있다. 2001년 WTO 가입 이후 중국은 전 세계에서 가장 매력적인 투자대상국으로 떠오르고 있으며, 이에 따라 세계 유수의 기업들이 앞 다투어 중국에 투자하고 있다.[32] 특 히 중국의 막대한 내수시장과 저임금 노동력은 외국기업들에게 큰 매력으로 작 용하고 있으며, 이 과정에서 중국은 동아시아에 대한 외국기업의 신규 투자를 독점하는 경향을 보이고 있다.

---

30 한국산 석유화학제품과 철강제품의 중국시장 점유율은 각각 35.0%와 22.1%로 나타나고 있다(한국무역 협회 2003, 6-7).

31 중국 상무부는 대외무역경제합작부의 대외교역 기능과 국가경제무역위원회의 국내교역 관련 업무를 통폐합한 기구로 제16차 당대회에서 신설되었다. 성격상 국내외 무역을 종합적으로 감독하는 미무역대표부 (USTR)와 유사한 기능을 갖는다(『조선일보』 2003.3.6).

32 모건스탠리 딘 위터(Morgan Stanley Dean Witter & Co.)의 수석 경제분석가 스티븐 로치(Stephen Roach)는 2001년 4월 중국의 투자환경을 점검한 후 투자 방면에서 중국이 세계경제의 오아시스 역할을 할 것 이라고 평가했다(Roach 2001).

<표 1-4> 한국과 중국의 외국 투자 실적 비교 (단위 : 백만 달러)

연도	중국		한국	
	건수	금액	건수	금액
1994	47,549	33,767	646	1,317
1995	37,011	37,521	873	1,947
1996	24,556	41,725	967	3,203
1997	21,001	45,257	1,055	6,971
1998	19,799	45,463	1,401	8,853
1999	16,918	40,319	2,104	15,542
2000	22,347	40,715	4.140	15,217
2001	26,140	46,878	3.340	11,292
2002	N.A.	52,740	2.402	9,101

자료 : 한국수출입은행.

이러한 전반적인 경향은 한국경제에도 영향을 미치고 있다. 그 예로 중국은 WTO에 가입한 첫 해인 2002년에 500억 달러의 신규 투자를 유치한 반면, 한국은 1999년부터 오히려 외국인 신규 투자가 줄어들고 있는 상황이다(<표 1-4> 참조). 또한 중국의 매력적인 투자환경은 주변국에 투자했던 외국기업들을 중국으로 끌어들이고 있다. 실제로 동남아시아 지역에서는 중국을 블랙홀이라고 지칭할 정도로 외국기업들이 계속해서 중국으로 투자를 이전하는 경향을 보이고 있다(『The New York Times』 2002.6.28 ; 『International Herald Tribune』 2001.8.18). 한국에 투자한 외국기업이 아직까지 중국으로 이전해 가지는 않지만, 한국에 투자하고 있는 외국기업의 70%가 중국의 투자 여건이 한국보다 유리하다고 생각한다는 것은 한국의 입장에서 상당히 우려할 만한 상황이다(『조선일보』 2003.1.2).

한국의 대중국 투자와 관련하여 나타나는 또 하나의 우려는 한국 산업의 공동화 현상이다(김현진 2002). 한국의 대중국 투자는 1997~98년 아시아 금융위기로 잠시 위축되었다가 2001년부터 회복되는 추세를 보이고 있다. 특히 중국의

WTO 가입과 그에 따른 내수시장의 개방 확대로 한국 기업의 중국 진출이 활발해지고 있다. 실제로 한국의 해외투자 기업 중 70%는 투자대상국으로 중국을 고려하고 있으며, 50대 대기업 중 56%가 중국에 대한 투자를 늘리겠다고 선언하였다(『The New York Times』 2003.1.8).

한국의 대중국 투자는 아직까지 저렴한 노동력을 찾아 생산거점을 옮기는 차원에서 제조업 중심의 중소기업체들이 환발해만(環渤海灣) 지역인 산둥(山東), 랴오닝(遼寧), 베이징(北京), 톈진(天津)과 창강(長江) 삼각주 지역인 장쑤(江蘇), 저장(浙江), 상하이(上海)에 소규모 투자를 하는 경우가 절반 이상을 차지하고 있다. 하지만 최근에는 SK, LG, 삼성, 현대자동차 등 국내 대기업을 중심으로 새로운 투자 경향이 나타나고 있다. 국내 대기업들은 중국에 설립한 회사에 대한 현지화 작업의 일환으로 생산기지를 해외로 옮기는 과거의 해외투자 방식에서 과감히 탈피하여 중국 현지에 본사체제를 구축하고 능력 있는 현지인을 고용함으로써 중국시장에 대한 공격적인 전략을 수립하고 있다(『조선일보』 2002.12.16). 이들 대기업들은 과거 제조업 중심의 투자에서 벗어나 정보통신, 생명과학, 에너지, 화학, 자동차 등 첨단산업에 대한 투자를 늘리고 있으며, 투자지역도 광둥(廣東) 등 생산과 판매에 유리한 입지조건을 가진 지역으로 넓혀 가고 있다(김주영 2001).

그러나 국내 대기업의 대중국 투자 확대 과정에서 한국의 엘리트들이 우려하는 점은 국내산업의 생산저하와 고용감소라는 부작용이다. 이러한 현상은 비단 한국에만 국한된 것은 아니다. 일본 기업들은 이미 수년 전부터 국내산업의 중국 이전으로 인한 산업공동화 현상을 우려해 왔으며, 이러한 심각성을 반영하여 경제적인 측면에서 중국위협론을 제기해 오고 있다(김현진 2002). 한국의 엘리트들은 대기업을 중심으로 이루어지고 있는 생산거점의 중국 이전이 결국 일본이 현재 경험하고 있는 산업공동화와 같은 부정적인 결과로 나타날 것을 우려하고 있다. 실제로 서울 근교에 있는 주요 생산업체들의 절반 정도가 이미

중국으로 생산 라인을 이전하여 한국은 2001년에 처음으로 4만 5,000개의 생산
직 일자리가 감소하는 상황에 직면하였다(『*The New York Times*』 2003.1.8). 한국
의 엘리트들은 국내 대기업들이 생산거점의 중국 이전을 가속화할 경우, 2010
년경에 전자제품, 자동차 등 기술집약적 산업의 공동화 현상에 직면하게 될 것
임을 경고하면서, 중국의 부상이 한국경제에 미치는 부정적인 영향을 강조하고
있다.

5. 결론

1992년 한중관계 수립 이후 한국과 중국은 정치·경제·군사·문화적 차원에
서 협력을 강화해 가고 있으며, 이를 통하여 한국인들은 중국에 대한 호감도를
높여 가고 있다. 특히 한반도의 분단 상황과 관련하여 한국에 대한 중국의 입장
변화는 지난 40년 동안 유지되어 왔던 양국 간의 냉전적 대립구도를 상호 협력
구도로 전환시켰으며, 이와 같은 외부적 환경 변화는 한국이 중국을 체제위협
세력이 아닌 현상유지 세력으로 평가하는 계기가 되었다. 또한 경제적 차원에
서의 상호의존 심화와 한국이 중국시장에서 얻는 막대한 경제적 이익은 한국사
회 내에서 중국기회론의 확산과 함께 중국에 대한 호감도를 더욱 높이는 결과
로 나타났다. 그러나 한중관계가 긴밀하게 발전함에 따라 양국 간에 경제적 경
쟁관계가 심화되기 시작하였고, 중국에 대한 호감과 중국기회론이 아직도 사회
적 주류를 이루는 가운데 소수의 엘리트들을 중심으로 중국의 경제적 부상에
대한 우려의 시각이 나타나기 시작하였다.
한국의 소수 엘리트들이 중국의 경제적 부상을 우려하는 주요 근거는 중국
의 경제발전이 한국의 경제성장에 부정적 영향을 미친다는 시각에서 비롯된다.

1997~98년 아시아 금융위기를 겪은 후 한국을 비롯한 동아시아 대부분의 국가들이 경제위기에서 벗어나기 위해 전전긍긍했던 반면 중국은 지속적인 성장세를 유지하였다. 더욱이 WTO 가입과 올림픽 개최 결정 등으로 중국은 아시아 경제발전의 견인차로서 자국의 경제적·정치적 위상 제고에 더욱 박차를 가하고 있다. 과거와는 달리 최근 중국의 경제 성장은 한국경제의 발전을 상당히 위협하고 있으며, 이러한 배경에서 중국에 대한 우려의 목소리가 나오고 있다. 물론 중국이 내수시장의 개방 확대를 통하여 한국의 수출 신장에 기여하는 면도 간과할 수 없다. 그러나 한국의 엘리트들이 지적하는 중국 경제발전의 부정적 영향은 중국의 수출 신장에 따른 수출시장의 축소, 한국의 대중국 수출에 대한 반덤핑 규제 강화, 외국기업들의 신규 투자 축소, 한국 내 산업공동화 등으로 요약할 수 있다.

한국경제에 대한 중국의 부정적 영향은 이제 막 시작단계이며, 한국의 엘리트들도 현재의 상황보다는 가까운 미래에 직면할지 모르는 위기상황에 대비하여 경고 수준에서 우려의 시각을 제기하고 있다. 따라서 이러한 시각은 중국의 부상을 한국경제에 좀 더 건설적인 기회로 만들기 위한 상황분석적 성격이 매우 강하며, 이는 중국의 여타 주변국들에서 제기되는 평가와는 상당한 거리가 있다. 중국의 경제적 부상에 대해 우려의 시각을 제기하는 한국의 엘리트들은 수출전략 강화, 중국에 대한 심층연구, 산업구조 고도화 및 산업협력 강화와 같은 우리 경제에 대한 시사점을 연구의 결론으로 제시한다. 이것을 보더라도 이러한 시각은 중국에 대한 호감을 반영한 자기반성 및 자기발전의 청사진이며, 한국과 중국 간의 보다 협력적이고 미래지향적인 관계를 확립하기 위한 충고라고 볼 수 있다.

제2장

중국 내 한반도 연구 :
한반도 문제 전문가들의 연구를 중심으로

1. 서론

1992년 8월 한중 국교정상화가 이루어진 이후 한반도에 대한 중국의 영향력이 강화되고 있다는 것은 주지의 사실이다. 중국은 이제 경제·외교·군사·문화 분야에서 한국에 대해 강력한 영향력을 가진 주변 강대국 중 하나로 부상하고 있다(Chung 2001, 777-796). 우리의 입장에서는 중국에 대한 심도 있는 이해와 분석을 바탕으로 양국 간의 지속적인 상호협력을 이끌어내야 하는 필요성이 부각되고 있다. 이러한 추세를 반영하여 우리 학계에서는 지난 10년간 한중관계 및 한반도 문제에 대한 중국의 입장과 정책을 활발히 연구해 왔으며, 수교 이후 양국 간의 빈번한 학술교류와 학자들의 상호방문을 통하여 꾸준한 질적 향상도 이루어 왔다.[1] 그러나 이러한 연구가 보다 체계적이고 깊이 있는 분석이 되기 위해서는 중국에서 이루어지고 있는 한반도 연구에 대한 직접적인 고찰이 선행

---

[1] 이러한 주제로 발표된 국내의 대표적인 저술은 문흥호(1999, 71-86), 권기수·김봉석(1996, 415-437) 참조. 이밖에도 한양대학교의 『중소연구』, 동북아학회의 『한국동북아논총』, 건국대학교 중국문제연구소의 『중국연구』 등에 다수의 연구가 게재되고 있으며, 정부 산하 연구기관인 통일연구원의 보고서에서도 이러한 연구를 찾아볼 수 있다.

되어야 한다. 중국에서 한반도 연구가 어떤 주제를 중심으로, 어떤 방향으로 전개되고 있는지 분석하는 것은 적어도 한반도와 관련하여 중국의 관심 영역과 그에 대한 인식 범위를 고찰해 볼 수 있는 기회를 제공하기 때문이다.

사실 자국에 대한 중국 국내의 연구동향을 분석하는 작업은 미국 등에서 이미 이루어져 오고 있다. 특히 중국 내에서 활동하는 미국 전문가들의 연구를 분석함으로써 중미관계에 대한 심도 있는 이해를 도모하고, 보다 나은 중미관계를 건설하기 위한 정책개발에 기여하고 있다.[2] 중국 내 미국 전문가들은 중국의 국가연구기관에서 활동하는 준공무원 성격의 연구원, 대학교수, 그리고 정부 관료들로 구성된다. 이들은 미국의 대중정책 및 국내 동향을 분석하여 내부 문건을 작성하고 이를 통해 최고정책결정자들의 대미 인식에 간접적으로 영향을 미치고 있다.[3]

한반도와 관련한 주제에 대해서도 중국은 이와 유사한 형태로 접근하고 있다. 중국에서 한반도 문제 연구는 '조선반도 문제 전문가'라는 일군의 연구자들에 의해 진행되고 있다. 이들은 중국 내에서 한반도에 대한 인식을 형성하고, 해외에서 한반도 문제에 대한 중국의 입장을 대변하는 역할을 하고 있다. 따라서 이들의 연구를 분석해 보면 한반도 문제에 대한 중국의 인식이나 태도 또는 입장을 살펴볼 수 있을 것이다.[4]

이 글은 초보 단계의 연구로서, 베이징에서 발간되는 국제관계 분야의 학술

2 중국에서 이뤄지는 미국 연구에 대한 미국 학자들의 연구는 Shambaugh(1988, 71-94 ; 1991), Saunders (2000, 41-65) 참조.
3 중국 내 미국 전문가에 대한 소개는 Saunders(2000, 41-43), Shambaugh(1991, 5-35) 참조.
4 샴보(David Shambaugh)는 중국 내 미국 전문가들을 1, 2, 3, 4열로 구분하여 구조 분석을 시도하고 있다. 그에 따르면 제1열은 정부 관료들, 제2열은 국가연구기관의 연구원들, 제3열은 대학의 학자들, 제4열은 학회의 회원들로 구성되는데, 제1열이 미국에 대한 정보와 지식에 가장 높은 접근도를 보이는 반면, 제4열이 가장 열등한 위치에 있다. 그의 연구결과는 중국 내 한반도 문제 전문가들에게도 동일하게 적용해 볼 수 있다(Shambaugh 1991, 5-16).

간행물 중 가장 지명도가 높은 중국사회과학원 아시아태평양연구소(이하 '아태연구소')의『당대아태』(當代亞太), 국가안전부 산하 현대국제관계연구소의『현대국제관계』, 국무원 외교부 산하 국제문제연구소의『국제문제연구』와 그밖의 저널에 1992년에서 2002년까지 발표된 중국 내 한반도 문제 전문가들의 연구를 검토하여 이들의 연구주제와 연구방향, 그리고 연구특징을 분석하기로 한다.

2. 중국 내 한반도 문제 전문가에 대한 이해

중국 내 한반도 문제 전문가는 국가연구기관의 연구원, 대학교수 및 언론인 등을 비롯해 한반도 문제에 관심을 갖고 있거나 이를 연구하는 사람들로 그 수가 200여 명에 달한다.[5] 그러나 이들은 한반도 문제에 대한 이해능력이나 연구의 전문성 면에서 개인 간에 상당한 수준 차이를 보이는데, 일정 수준의 연구능력을 갖추고 연구성과를 내고 있는 전문가는 50명 정도로 나타나고 있다. 지역적으로 이들은 베이징, 상하이, 동북 지방, 산둥성 등지에 편중되어 활동하고 있다. 이는 각 지방의 연구환경 및 연구기반의 차이에서 기인한다고 볼 수 있다.[6] 특히 베이징은 중국의 수도라는 특수성에 따라 국가연구기관이 밀집한 지역으로서 한반도 연구의 중심지 역할을 하고 있다. 아태연구소, 현대국제관계연구소, 국제문제연구소 등이 한반도 문제 연구와 관련하여 가장 중요한 연구소로 손꼽히고 있으며, 이밖에 중국군사과학원과 중국공산당 중앙당교 등도 주요 연

---

5 피야오젠이(樸鍵一)는 한반도 문제를 연구하는 인원이 중국 전역에 걸쳐 200명이 넘는다고 한다(樸鍵一 2001b, 50).
6 중국 내 한반도 연구의 지역적 편중에 대해서는 金熙德(2001a, 71-92), 樸鍵一(2001b, 43) 참조.

구기관으로 주목받고 있다.

저명한 한반도 문제 전문가로 아태연구소의 한쩐셔(韓鎭涉), 리샹원(李相文), 피야오젠이, 진잉지(金英姬), 진시더(金熙德, 일본연구소), 현대국제관계연구소의 치바오량(戚保良), 위메이화(於美華), 우징징(吳晶晶), 청위지에(程玉潔), 국제문제연구소의 타오빙웨이(陶炳蔚), 위샤오화(虞少華) 등이 알려져 있다. 상하이에서는 상하이 사회과학원 아태연구소의 왕샤오푸(王少普)와 유럽아시아연구소의 추이즈잉(崔志鷹)[7] 등이 활발한 활동을 하고 있다. 동북 지역에서는 지린(吉林)성 동북아연구중심, 지린성 사회과학원 조선한국연구소, 그리고 지린대학교 동북아연구중심 등에서 한반도 전문가들이 활동하고 있으며, 천룽산(陳龍山), 쟝위산(張玉山), 한진위(韓今玉), 쉬원지(徐文吉) 등이 대표적인 전문가이다. 산둥성에서는 산둥성 사회과학원 대외경제연구소의 루신더(盧新德)와 환쩐홍(範振洪)이 대표적인 한반도 연구자로 손꼽힌다〈표 2-1〉 참조).

〈표 2-1〉 중국 내 한반도 문제 전문가와 소속기관

기관명	한반도 문제 전문가
중국사회과학원 아태연구소	한쩐셔(韓鎭涉), 리샹원(李相文), 피야오젠이(樸鍵一), 진잉지(金英姬,) 진시더(金熙德, 일본연구소 소속)
현대국제관계연구소	치바오량(戚保良), 위메이화(於美華), 우징징(吳晶晶), 청위지에(程玉潔)
국제문제연구소	타오빙웨이(陶炳蔚), 위샤오화(虞少華)
상하이 사회과학원	왕샤오푸(王少普), 추이즈잉(崔志鷹)
지린성 동북아연구중심	천룽산(陳龍山), 한진위(韓今玉)
지린대학교 동북아연구중심	쉬원지(徐文吉)
지린성 사회과학원 조선한국연구소	쟝위산(張玉山)
산둥성 사회과학원 대외경제연구소	루신더(盧新德), 환쩐홍(範振洪)

---

7 최근 추이즈잉은 상하이 통지(同濟)대학 아태연구중심으로 자리를 옮겼다.

그러나 지난 10년간 중국 내 한반도 문제 연구는 상당수의 연구자와 연구기관이 참여했음에도 체계적이고 종합적인 연구로 발전하지 못하는 한계를 드러내었다. 1년에 수차례에 걸쳐 한중 국제학술대회가 열리고 여기에 다수의 한반도 문제 전문가들이 참여하고 있는 반면, 중국 내에서 한반도 문제 전문가들 간의 학술대회 및 정보교환은 상대적으로 미미했고 연구분야와 연구성과에 대한 상호간의 이해도 낮은 수준에 머물렀다. 이는 지역 간의 학술교류 및 정보교류를 주관하는 전국 규모의 한반도 문제 연구단체가 없었다는 데서 그 이유를 찾아볼 수 있다. 이러한 측면에서 중국사회과학원 아태연구소를 주축으로 2000년 11월 조선반도문제연구중심이 설립된 것은 향후 중국의 한반도 연구에서 상당한 발전을 기대할 수 있는 중요한 성과라고 볼 수 있다. 조선반도문제연구중심은 한반도 문제에 대한 토론회, 보고회, 좌담회, 학술대회 등을 정기적으로 개최해 학술 및 정보교류를 도모하는 장으로서, 연구자들 간에 한국에 대한 이해를 높이는 기회를 제공하고 있다.[8]

중국 내 한반도 문제 전문가들은 연구의 특성상 조선족 연구자들이 연구활동에 활발하게 참여하고 있는 것이 특징이다.[9] 조선족 연구자들은 언어와 문화적 유사성이라는 강점을 활용하여 한반도 문제 연구에서 상당히 기여해 왔으며, 이들의 활동은 현재까지도 중국 내 한반도 연구에서 상당한 비중을 차지하고 있다. 한편, 한족 연구자들도 상당한 수준의 한국어 실력과 다년간의 연구경험을 바탕으로 자신들의 학문적 영역을 넓혀 가고 있다. 특히 한반도 문제 전문가들은 한중수교 이후 연구의 양적·질적 향상을 이루었다. 이는 이데올로기적 접근법에서 탈피하여 좀 더 자유롭게 연구할 수 있는 연구환경의 변화,[10] 수교

---

8 조선반도문제연구중심에 대한 구체적인 내용은 『당대아태』(2000年 第12期), p. 60 참조.
9 조선반도문제연구중심의 회원 70여 명 중 조선족 연구자가 20여 명에 달하여 전체 회원의 약 30%를 차지하고 있다.

이후 인적교류 및 정보교류의 활성화, 그리고 중국 내 한반도 문제 전문가들의 세대교체 등에서 기인한다고 볼 수 있다.[11]

　　중국 내 한반도 문제 전문가들의 역할이 한반도 문제를 소개하고 그에 대한 정보를 제공하는 것이라고 할 때, 이들의 연구가 양적·질적으로 향상되었다는 것은 그만큼 수준 높은 연구와 정보로 한반도에 대한 인식에 영향을 미친다고 할 수 있다. 이와 관련하여 주목할 만한 점은 정책결정과정에서 한반도 문제 전문가들이 영향을 미치고 있는지, 그렇다면 얼마나 영향을 미치는가 하는 문제이다. 이 점에 대하여 적어도 베이징에 소재한 세 개의 연구소(아태연구소, 현대국제관계연구소, 국제문제연구소)에서 활동하는 한반도 문제 전문가들은 한국과의 빈번한 접촉과 상대적으로 풍부한 자료를 바탕으로 내부보고서를 작성하고 이를 통하여 중앙지도자들의 한반도 인식에 영향을 미친다고 할 수 있다.[12] 그러나 이들이 대(對)한반도 정책결정과정에 얼마나 영향을 미치는지에 대해서는 아직까지 구체적으로 밝혀진 바가 없다. 일반적으로 구미의 중국 연구에서도 정책결정과정에 대한 연구는 자료 및 정보의 한계로 인하여 아직까지 취약한 연구영역으로 인식되고 있다.[13]

---

10 중국 내 한반도 문제 전문가들은 일반적으로 이데올로기 중심의 연구보다는 현실문제에 대한 분석을 선호한다. 이는 중국의 학계 전반에 걸쳐서 나타나는 현상이라고 볼 수 있다. 샴보는 중국 내 미국 전문가들 사이에서 나타나고 있는 탈마르크스적(non-marxist) 성향과 실사구시의 연구자세에 대하여 설명하며(Shambaugh 1991, 42-84), 피야오젠이는 한반도 문제 연구자들 사이에서는 한중수교 이후 이러한 현상이 나타나기 시작했다고 주장한다(樸鍵一 2001b, 44).

11 예를 들어 중국사회과학원 아태연구소의 한쩐셔, 리샹원 교수, 현대국제관계연구소의 진쩐지(金鎭基) 교수 등은 이미 퇴임했고, 이들의 뒤를 이어 피야오젠이, 진잉지, 치바오량, 우징징 등이 한반도 문제 전문가로서 새로운 세대를 이루고 있다.

12 이 부분에 대해서는 논란의 여지가 남아 있다. 중국 국가연구소의 연구원들은 자신의 연구를 바탕으로 내부보고서를 작성하고 이를 중앙의 지도자들에게 제출하는 것이 주요 임무이나, 방대한 양의 내부보고서 가운데 자신의 보고서가 채택되기란 극히 드문 일이다. 그러나 이들의 내부보고서는 간접적으로나마 지도자들의 인식에 영향을 미치고 있다(2003년 1월 22~24일 중국사회과학원 아태연구소 연구원과의 인터뷰).

13 중국의 정책결정과정에 대한 기존의 연구는 Barnett(1985), Shambaugh(1987, 276-304), Lu(1997 ; 2001, 39-60) 참조. 최근의 연구는 국가연구소 연구원들의 역할과 영향력이 점차 강화되고 있음을 보여준다(Glaser

3. 중국 내 한반도 문제의 연구경향과 내용 분석

1992년 8월 한중 국교정상화와 함께 중국 내에서 이루어진 한반도 문제 연구는 다음 두 가지 방향에서 그 변화를 추적해 볼 수 있다.

첫째, 한반도 문제 전문가들에게 한중수교는 연구대상의 확대를 의미했고, 따라서 이들은 과거 한반도 연구를 북한에만 국한시켰던 것에서 벗어나 남한을 포함한 한반도 전체를 연구대상으로 포괄하게 되었다. 이에 따라 연구주제도 다양해져 수교 이후 북한 사회주의 건설과 관련된 이데올로기 중심의 연구보다는 남한의 정치와 경제발전, 남북관계, 북미관계, 중북관계, 한중관계 등 좀 더 현실적이고 다양한 주제에 관심을 갖게 되었다.

둘째, 중국 내 한반도 연구가 다양한 주제를 다루고 있음에도 1992년에서 2002년까지의 연구를 검토한 결과 세 가지 주제, 즉 한국의 경제발전, 한중관계의 발전, 남북관계의 발전에 집중되는 경향을 나타내었다.[14] 구체적인 연구내용은 다음과 같다.

1) 한국의 경제발전에 대한 연구

중국이 한중수교와 함께 가장 관심을 두었던 것은 역시 한국의 경제 분야이다(〈표 2-2〉 참조). 1978년 개혁·개방과 함께 중국은 지속적인 경제발전을 이뤄

---

and Saunders 2002, 601-620).

14 피야오젠이는 중국 내 한반도 문제의 연구경향을 시대별로 구분하여 분석하는데, 그의 연구에서도 이 세 가지가 가장 많이 연구되는 주제로 나타나고 있다(樸鍵一 2001b, 44-49).

<표 2-2> 중국 내 한국의 경제발전 연구 : 주요 주제, 연구자 및 연구논문

주요 주제	연구자 및 연구논문
한국의 경제발전 과정 연구	金英姫, "韓國企業文化淺議" 李相文, "韓國政府在經濟發展中的作用" 餘逸群, "韓國經濟勝飛的秘訣之一 : 發展敎育" 焦潤明, "韓國經濟勝飛的文化動力問題"
한국의 경제운용 연구	李相文, "韓國國有企業及其民營化" 陸建人, "韓國大企業集團的形成, 發展與特點" 盧新德·劉曉欣, "韓國外貿體制改革的經驗及其對我國的啓示" 汪　冰, "韓國的信息,産業與信息,高速公路建設" 聞嶽春, "韓國貨幣市場的交易工具" 張　捷, "韓國證券市場的發展及我國的啓示" 張國平·王壽春, "韓國技術引進的回顧, 前瞻與思考" 葉祥松, "韓國國有企業管理體制改革及其啓示"
아시아 경제위기와 한국경제에 대한 연구	陳峰君, "金融危機後對東亞模式的再思考" 金明善·張東明, "韓國金融危機探討" 金英姫, "韓國大企業集團爲何接連倒閉?" 金英姫, "韓國金融危機及其對我國的啓示" 金英姫, "韓國的敎訓及相關思考" 盧新德, "韓國經濟率先全面復蘇的原因" 樸鍵一, "論金融危機對韓國經濟的影響" 樸鍵一, "韓國經濟危機的走向" 任會中, "韓國對外債的管理" 唐任伍·章文光, "韓國外債管理的經驗敎訓" 周建濤, "韓國金融危機剖析"

오고 있지만, 사회주의 정치체제와 자본주의 경제체제를 조합한 중국식 경제성장은 항상 붕괴의 위험성을 내포하고 있다.

　이러한 측면에서 중국 내 한반도 문제 전문가들은 수교 초기부터 한국의 경제발전 모델에 상당한 관심을 보이고 있다. 특히 이들은 한국경제의 발전과정에서 나타난 장단점을 분석하여 중국의 경제발전에 대한 시사점을 제시하는 방향으로 연구를 진행해 왔으며, 그 중에서도 한국경제의 장점을 부각시키는 연구가 다수를 차지하였다. 그 예로 1960~70년대 한국의 '정부주도형' 경제발전 전략을 분석하면서 정부의 간섭 ― 경제조직 구성, 국민경제계획 수립 및 경제정책 주도 등―이 효율적인 경제발전에 기여했다는 점을 강조한다(李相文 1993, 31-35). 또 한국이 고도성장을 이룩하게 된 원동력으로 높은 교육수준과 고급 과학기술 두뇌의 육성, 그리고 전통적 유교문화와 가부장적 기업문화 등을 꼽는다.[15] 이와 같은 분석을 바탕으로 이들은 중국이 지속적이고 안정적인 경제성장을 이룩하기 위해서는 정부의 효율적인 경제 간섭과 교육수준 제고, 그리고 과학기술에 대한 과감한 투자를 강조한다.

한국경제에 대한 전문가들의 관심은 한국의 경제운용에 대한 연구를 활성화하는 계기가 되었다. 특히 이들은 한국경제의 발전과정에서 중추적인 역할을 해온 대기업(재벌)에 상당한 관심을 보이며, 한국 대기업이 급속히 성장할 수 있었던 원인, 한국 대기업의 특징, 그리고 이들의 문제점 등 한국 대기업의 장단점을 상세히 분석하고 있다(陸建人 1993, 39-44). 이들은 경제운용의 다른 영역, 예를 들어 한국의 금융, 기술발전, 경제체제 개혁 등의 주제에 대해서도 다각적인 연구를 시도하고 있다.[16] 특히 금융 및 증권 분야에서는 한국의 화폐시장과 주식시장의 발전 등 전반적인 경제구조에 접근하여 중국경제에 대한 시사점을 모색한다.[17] 한국의 경제성장과 기술발전의 상관관계에서 이들은 한국의 기술발전 과정을 3단계, 즉 모방의 단계, 적응의 단계, 체계수립의 단계로 나누어 고찰하고, 수십 년에 걸친 기술진흥정책의 결과로 한국이 기술의 고급화를 이룩했다고 평가한다. 특히 최근 들어서는 IT 기술의 발전과 함께 새로운 단계의 고급 기술을 바탕으로 경제성장을 이루고 있다고 분석한다.[18]

---

15 한국의 경제발전에서 교육의 역할에 대해서는 餘逸群(1993, 48-49) 참조. 문화적 요인에 대해서는 焦潤明(1995, 67-69), 金英姬(1997, 38-43) 참조.

16 한국의 공기업 개혁 및 민영화에 대해서는 葉祥松(1996, 13-17), 李相文(1998, 37-41) 참조. 한국의 대외무역체제 개혁과 중국에 대한 시사점은 盧新德·劉曉欣(1995, 28-33) 참조.

17 한국 화폐시장에 대한 연구는 聞嶽春(1996, 27-28, 48) 참조. 한국의 증권시장 발전에 대한 연구는 張捷(1994, 57-61) 참조.

그러나 중국 내 한반도 문제 전문가들의 한국경제 연구는 1998년 아시아 경제위기와 함께 새로운 전환점을 맞이하게 되었다. 갑작스런 경제위기와 국가부도 직전에 내몰린 한국의 경제상황을 보면서 중국 내 한반도 문제 전문가들은 한국의 경제발전에 대한 학습이라는 당초의 연구목적을 전환하여 경제위기 과정에서 나타난 한국경제의 문제점을 분석하여 반면교사적 입장을 취하게 되었다. 이들은 한국 경제위기의 주요 원인을 대기업의 과도한 부채경영 및 무리한 외형 확장, 관치금융에서 비롯된 허술한 금융관리체계, 그리고 정부의 불완전한 경제개혁에서 찾고 있다. 특히 한보, 기아, 삼미 등 경제위기 당시에 파산한 대기업들의 경영상태를 자세히 분석하고 이들의 정경유착과 방만한 경영, 그리고 한국경제의 구조적 문제점 등을 대기업 부도의 직접적인 요인으로 지적한다.[19] 또한 이들은 한국이 단기간에 경제위기를 극복한 사실에 대하여 상당히 긍정적으로 평가하면서 김대중 정부가 IMF의 조정방안에 따라 전면적인 경제개혁 — 대기업의 구조조정과 관치금융 개혁 — 을 단행해 경제위기를 성공적으로 극복했다고 설명한다(盧新德 1999, 45-50 ; 樸鍵一 1998b, 48-53).

중국 내 한반도 문제 전문가들은 한국의 경제위기와 극복과정을 분석하면서 이러한 과정이 중국경제에 주는 교훈에 대하여 많은 관심을 가져 왔다. 이들은 우선 한국의 경제발전 모델이 아직까지 설득력이 있다고 강조하면서, 한국의 경우를 볼 때 중국경제가 전반적인 부문에서 시장 메커니즘과 정부 간섭과의 관계를 설정해야 하고, 관치금융 체제를 개혁해야 한다고 주장한다. 또 국민경제 중심의 기업경영을 위하여 적절한 시기에 경제 구조조정을 단행할 필요가

---

18 한국의 기술발전에 대한 연구는 張國平·王壽春(1993, 50-55) 참조. 한국의 IT 산업과 고속망 건설 효과에 대한 연구는 汪冰(1996, 66-68) 참조.
19 이에 대해서는 周建濤(1998, 12-15), 金英姬(1998a, 30-33), 樸鍵一(1998a, 11-16), 金明善·張東明(2001, 31-37) 참조.

있고, 과감한 국제경제로의 편입 및 과학기술 역량을 제고해야 한다고 역설한다.[20] 그리고 한국의 경우에서 보듯이 허술한 외채 및 외환관리가 경제위기를 촉발시킨 직접적인 요인이므로, 중국도 합리적인 외채관리 원칙을 수립하고 외채에 대한 감독 및 관리를 강화하며 외환보유고를 높여야 한다고 주장한다.[21]

이와 같은 내용으로 볼 때, 중국 내 한반도 문제 전문가들은 한국의 경제발전에 상당한 관심을 가지고 이를 연구한다는 것을 알 수 있다. 연구주제와 방향, 그리고 내용을 살펴보면 그들이 한국의 경제발전 및 경제상황 변화에 초점을 맞추어 연구하는 목적은 중국경제에 대한 교훈 및 시사점을 도출하고 이를 중국의 경제발전에 적용시켜 보려는 데 있다고 할 수 있다.

2) 한중관계의 발전에 대한 연구

1992년 한중수교 이후 한국과 중국은 급속한 관계발전을 이어 오고 있으며, 이러한 추세를 반영하여 중국 내 한반도 문제 전문가들이 양국의 관계에 대한 연구에 지속적으로 관심을 쏟고 있다(〈표 2-3〉 참조). 일반적으로 이들은 정치·외교 및 경제 분야를 중심으로 한중관계의 변화와 발전에 대해 연구하고 있으며, 특히 한중수교의 정치·경제적 의미나 향후 양국의 관계발전을 위한 이해증진에 초점을 맞추고 있다. 이를 구체적으로 살펴보면, 우선 이들은 한반도의 평화와 통일, 그리고 동북아 지역의 정치안정 및 경제협력이라는 측면에서 한중

---

20 이들은 한국의 경제발전 모델을 중국경제에 적용할 수 있다는 근거로 한국 정부가 완벽하지는 않지만 경제위기를 성공적으로 극복했다는 점을 들고 있다(陳峰君 1999b, 13-18 ; 金英姬 1998b, 31-34, 1998d, 32-36).
21 외채 관리에 대해서는 任會中(1997, 58-60), 唐任伍·章文光(1999, 15-19) 참조.

〈표 2-3〉 중국 내 한중관계의 발전 연구 : 주요 주제, 연구자 및 연구논문

주요 주제	연구자 및 연구논문
한중수교의 의미와 영향에 대한 연구	崔志鷹, "日朝關係的回顧與展望" 韓鎭涉, "中韓政治關係的回顧與展望" 季崇威, "中韓建交促進東北亞的和平,穩定,合作和發展" 於美華, "新時期美, 日, 亞對朝鮮半島政策特點及其走勢"
한중 협력동반자관계에 대한 연구	韓鎭涉, "發展中韓關係：迎接21世紀的挑戰" 金英姬, "中韓友好合作夥伴關係發展的回顧與展望" 李敦求, "金大中政府與世紀之交的中韓關係" 樸鍵一, "中韓建交10年來政治與外交關係述評"
한중 경제관계에 대한 연구	丁曉燕, "韓國對外投資的發展" 範振洪, "21世紀初期中韓經濟合作展望" 範振洪·姚東方, "推進韓國企業在山東投資的對策" 蘇科五, "中韓貿易逆差持續增長的原因及對策" 孫魯軍, "中國同韓國經貿關係的發展與前景" 吳德烈, "中韓經貿關係現況" 周茂淸, "淺談中韓經貿合作"
한중 경제협력과 지역경제 발전에 대한 연구	盧新德·邵志勤, "論中日韓自由貿易區的建設" 史敏, "面向21世紀的中日韓經濟合作"

수교를 양국 간의 긍정적인 관계발전으로 파악하고 있다(季崇威 1992, 12-13). 이들은 한중수교를 동북아 지역의 긴장완화 및 냉전구조 해체에 기여하는 획기적인 사건으로 이해하고 있으며, 따라서 미국과 일본 등 주변국들이 대(對)한반도 정책을 수정해야 하는 상황에 직면하고 있다는 점을 강조한다.[22]

이와 같이 한중수교는 지역구조의 변화를 통하여 북한과 미일과의 관계를 적극적으로 개선할 수 있는 계기를 마련하고, 이는 자연스럽게 한반도에 평화를 정착시키고 통일에 유리한 조건을 성숙시키고 있다고 주장한다(韓鎭涉 1996, 3-7 ; 崔志鷹 1997, 21-25).

중국 내 한반도 문제 전문가들에게 또 하나의 분기점이 된 것은 1998년 11

---

[22] 한반도 주변국들의 대한반도 정책변화에 대해서는 於美華(1997, 32-35) 참조.

월 김대중 대통령의 공식적인 중국 방문에서 이루어진 '21세기를 향한 한중 협력동반관계' 선언이다. 이 선언은 수교 이후 양국의 관계를 한 차원 더 발전시키는 계기로 작용했으며, 이에 따라 중국 내 한반도 문제 전문가들이 정치·외교, 경제, 문화, 군사·안보 등을 포함한 모든 영역에 걸쳐 양국 간의 상호 필요성을 강조하게 되었다. 이들은 우선 '협력동반관계'를 냉전시대의 동맹관계, 정상적인 국가 간의 국교관계, 그리고 비정상적인 적대관계와 구별되는 동맹관계와 국교관계가 적당히 혼합된 새로운 형태의 국가관계로 규정하고(韓鎭涉 2000, 38-41), 양국 간의 협력동반관계를 발전시키기 위한 연구를 진행하였다. 이들은 21세기 한중 우호협력관계에 도전이 될 만한 환경적 요인으로 미국의 패권주의, 일본의 간섭, 북한이라는 변수, 세계화에 따른 경제안보상의 도전, 무역마찰에서 비롯되는 제약, 민족성의 차이 등을 지적한다. 이밖에도 한국의 종교단체 및 민간단체의 중국 내 불법활동, 한국 내 조선족의 지위에 대한 인식, 대만 및 주한미군 문제 등을 지적하면서 한중 간의 지리적·역사적·문화적·경제적 친밀성을 토대로 점진적이고 장기적인 관계정립이 필요하다는 것을 강조한다 (樸健一 2002, 58-62 ; 金英姬 1999b, 7-12 ; 李敦求 1998, 50-52).

경제적인 측면에서 중국 내 한반도 문제 전문가들은 한중 양국의 경제협력 및 교류 활성화에 초점을 맞추고 있다. 이들은 한중수교로 양국 간에 무역과 투자가 활성화되는 토대가 마련되었다는 인식 아래, 수교 초기부터 경제교류 활성화를 예견하면서 이를 바탕으로 동북아 지역의 경제협력을 강화해 나가야 한다는 점을 강조한다(孫魯軍 1993, 22-25). 특히 양국 간의 경제협력 확대를 위한 방안으로 경제협력에 유리한 조건과 불리한 조건을 검토하고 있다. 유리한 조건으로는 양국 모두 급속한 경제발전을 목표로 하고 있다는 점과 경제구조상의 보완성, 경제발전 전략의 유사성, 상호협력의 효율성, 그리고 경제협력을 위한 외부환경의 호전 등을 들고 있다. 불리한 조건으로는 한국의 경제위기 영향, 한중 양국의 경제협력 동기의 상이성, 양국 정부의 경제협력정책 미비, 상호간의 이해부족 등을 지적하고 있다(吳德烈 1997, 21-22 ; 範振洪 1999, 3-11). 이러한 분석을 바탕으로 이들은 한중 경제협력을 강화하는 방안을 제안하는데, 거기에는 양국 간 무역의 분업구조 형성, 선진적인 과학기술 방면의 협력확대, 기업개혁 방면의 협력 등이 포함된다(周茂淸 2000, 40-44).

중국 내 한반도 문제 전문가들은 한중 경제협력 연구에서 좀 더 구체적인 접근을 시도하는 경우도 있다. 이들은 양국 간의 경제협력을 투자와 무역으로 구분하여 한국의 경제교류 성향을 분석함으로써 좀 더 적실성 있는 교류 활성화 방안을 모색하고 있다. 특히 한국이 대외투자를 늘려야만 하는 이유에 대하여 생산비용의 증가, 국제적인 보호무역주의에 의한 무역마찰의 가중, 산업 구조조정에 의한 노동집약산업의 해외투자 증가 등을 들며, 이에 따라 한국의 해외투자 조건을 충족시키는 중국이 투자를 적극 유치해야 한다고 주장한다(丁曉燕 1996, 28-31). 좀 더 미시적으로 이들은 한국의 투자가 가장 집중된 산둥성에서의 투자행태를 분석하여 한국의 대중국 투자를 촉진할 수 있는 방안을 제시한다. 구체적인 방안으로 한국 기업들은 효율적인 투자를 위해서 산둥성 발전계획에 맞추어 질적인 성장을 목표로 투자전략을 수립해야 하고, 산둥성은 한국 기업에 대한 우대정책을 활성화할 것 등을 제안한다(範振洪·姚東方 2002, 39-44). 양국 간 무역에서도 이들은 한중무역의 현안이 되고 있는 중국의 대한(對韓) 무역적자가 증가하는 원인에 대해 분석하면서 하이테크 분야 중 중국이 비교우위를 가진 제품의 수출을 늘리고, 박리다매 전략이 한계를 드러냄에 따라 중국 상품의 질적 제고를 통해 수출을 촉진시키며, 한국시장에서 중국 제품의 지명도를 높이고 중국 제품에 대한 한국시장의 개방을 확대시키는 전략을 구상하고 있다.[23]

---

23 중국의 대한 무역적자에 대한 연구로 蘇科五(2002, 54-57) 참조.

궁극적으로 중국 내 한반도 문제 전문가들은 한중 간의 경제협력을 동북아 지역의 경제협력과 연결 지으려는 경향을 나타내고 있다. 특히 이들이 관심을 가지는 분야는 한·중·일 간의 자유무역지대 건설이다. 이들은 한·중·일 간의 정치, 경제, 사회적 차이에서 오는 부정적인 면을 인식하면서도 자유무역지대 건설의 가능성에 대해 낙관적인 견해를 강조하고 있다. 이들은 자신들의 주장을 뒷받침하는 근거로 3국의 조건 차이가 오히려 보완적 관계로 작용하여 자유무역지대 건설에 도움이 될 수 있다는 점을 부각시키면서 가능한 모델로 EU형, NAFTA형, ASEAN형을 제시한다.[24] 그러나 자유무역지대 건설과 관련하여 3국 간에 별다른 발전의 조짐이 보이지 않는다는 점을 보면, 동북아 지역의 경제협력은 아직까지 초보적인 수준에서 연구될 수밖에 없는 한계를 가지고 있다.

이러한 내용으로 볼 때 중국 내 한반도 문제 전문가들은 한중관계에 대한 연구를 통하여 정치·외교·경제적 측면에서 양국 간의 상호협력을 강조한다. 또 양국 간의 긴밀한 관계발전이 동북아의 안정과 평화, 나아가 지역경제에도 긍정적인 역할을 할 것이라는 전제 아래 한중관계의 발전을 위한 전략 및 방안을 제시하는 데 연구의 목적을 두고 있다.

3) 남북관계의 발전에 대한 연구

중국 내 한반도 문제 전문가들은 한반도의 경제문제와 함께 정치·외교적 문제에 대해서도 상당한 관심을 갖고 있다〈표 2-4〉 참조). 특히 1998년 2월 김대중

---

24 한·중·일의 경제협력 및 자유무역지대 형성에 대해서는 史敏(1999, 16-20), 盧新德·邵志勤(2002, 52-55) 참조.

〈표 2-4〉 중국 내 남북관계의 발전 연구 : 주요 주제, 연구자 및 연구논문

주요 주제	연구자 및 연구논문
김대중 대통령과 대북포용정책에 대한 연구	陳龍山·韓今玉, "朝鮮半島南北關係新動向" 陳周旺, "金大中政治思想與韓國政黨政治的轉型" 程玉潔, "韓國新總統金大中" 程玉潔·戚保良, "朝鮮半島新變化及其發展趨向" 丁詩傳·李强, "朝鮮半島和平機制及其前景" 方長平, "陽光政策與朝鮮半島南北關係" 金英姬, "韓國新總統金大中 : 終於開花的政壇'忍冬草'" 於美華·戚保良, "喜憂參半的朝鮮半島形勢" 虞少華, "東北亞形勢的新特點" 虞少華·吳晶晶, "曲折發展的朝鮮南北關係"
2000년 남북정상회담에 대한 연구	陳龍山, "朝韓歷史性峰會的前景及意義展望" 程玉潔, "朝韓首腦會談與朝韓關係" 金熙德, "南北峰會以來的朝鮮半島局勢" 金英姬, "朝鮮外交戰略的轉變 : 實現朝韓首腦會談的關鍵因素" 樸鍵一, "朝韓首腦會談和朝鮮半島局勢" 孫玉璽·張錦芳·韓鎭涉·於美華·王宜勝, "朝鮮半島石破天驚" 虞少華, "南北首腦會談後的朝鮮半島"
남북정상회담의 영향에 대한 연구	程玉潔·倪霞韻·馮仲平·戚保良, "朝鮮半島最新形勢評析" 韓今玉, "淺談'朝韓經濟共同體" 劉名軍, "朝鮮加入東盟地區論壇及其意義" 樸鍵一·韓春愛, "俄羅斯對朝鮮半島政策評述" 王少普, "朝鮮半島穩和進程與東北亞局勢" 徐文吉, "日朝關係的發展及其意義" 楊伯江·戚保良·程玉潔·常志忠, "朝鮮半島緩和進程中的東北亞 地區形勢" 虞少華, "朝美關係的新回合" 張玉山, "朝日關係的現實與未來"

정부의 출범과 함께 남북관계에 변화가 시작되자, 이들은 변화의 주요 원천이 된 김대중 대통령과 그의 햇볕정책에 대하여 관심을 갖고 분석하였다. 이들은 우선 김대중 대통령 개인에 대한 연구를 중심으로 그가 대통령이 되기까지의 정치역정 및 민주화투쟁 과정에 대하여 상세히 분석하고, 이를 바탕으로 관용을 중심으로 한 정치철학, '대동일체'(大同一體)의 국가관, 시장경제와 민주주의에 대한 신념, 그리고 대북정책 및 통일에 대한 사고 등에 대하여 심도 있는 연구를

펼쳤다.[25] 또 김영삼 정부의 대북정책을 실패로 규정했던 것과는 달리 김대중 대통령의 대북포용정책을 한반도 상황에 적합한 정책으로 인식하였다.[26] "햇볕정책은 현재 남한이 취할 수 있는 가장 현실적이고 이성적인 대북정책으로 그 핵심은 북한과의 접촉을 확대하고 갈등을 억제함으로써 한반도의 긴장을 완화시키는 것"이라며 향후 한반도의 평화와 안정에 대하여 낙관적으로 평가하였다.[27]

햇볕정책을 중심으로 한 김대중 정부의 대북포용정책이 이루어 낸 가장 핵심적인 성과는 2000년 6월에 개최된 남북정상회담의 성공이라고 볼 수 있다. 중국 내 한반도 문제 전문가들은 남북정상회담을 50년간 한반도에 불안을 조성해 왔던 남북 간의 갈등을 해소할 수 있는 역사적인 사건으로 평가하면서 이를 한반도의 평화와 안정뿐 아니라 동북아 지역안보에도 영향을 미치는 긍정적인 전환점으로 인식하였다.[28] 남북정상회담과 관련하여 한반도 문제 전문가들은 정상회담이 개최될 수 있었던 요인으로 탈냉전기 국제환경의 변화와 김대중 정부의 대북포용정책, 그리고 내우외환에 따른 북한의 대외전략 변화를 든다.[29] 좀 더 구체적으로 남북한의 자주적인 노력과 중국의 적극적인 협력, 그리고 미국의 묵인을 가장 큰 요인으로 인식하고 있다(金熙德 2001b, 4). 따라서 이들은

---

25 김대중 대통령에 대한 중국 내 전문가들의 분석은 程玉潔(1998, 10-11), 金英姬(1998c, 60-64), 陳周旺(2000, 53-58) 참조.

26 중국 내 한반도 문제 전문가들은 김영삼 정부 출범 초기부터 김영삼 대통령이 대북정책에 대한 구체적인 생각이 없다고 우려하였다(陶炳蔚 1993, 15-20). 김영삼 정부의 성격에 대한 연구로는 虞少華(1994, 36-39, 53) 참조. 김영삼 정부의 대북정책을 실패로 규정한 연구는 金英姬(1999a, 34-38) 참조.

27 햇볕정책에 대한 자세한 분석은 方長平(1999, 42-45) 참조. 햇볕정책이 남북한 화해 및 교류의 밑거름으로 작용했다는 분석은 陳龍山·韓今玉(1998, 2-4), 丁詩傳·李强(1999, 42-44), 程玉潔·戚保良(2000, 52-55) 참조. 그러나 남북관계의 발전이 순탄하지만은 않다는 점을 강조하는 사람들도 있는데, 이에 대해서는 虞少華·吳晶晶(1999, 40-42, 48), 虞少華(1999, 36-40), 於美華·戚保良(1999, 36-40) 참조.

28 남북정상회담에 대한 중국의 평가는 孫玉璽 等(2000, 8-13), 陳龍山(2000, 33-35), 樸鍵一(2000, 3-9), 戚保良(2000, 1-3), 程玉潔(2000, 37-40) 참조.

29 남북정상회담의 개최 배경에 대한 포괄적인 연구는 陳龍山(2000, 33-35), 虞少華(2000, 46-50) 참조. 진잉지는 북한의 외교전략 변화에 너무 큰 비중을 두고 있다(金英姬 2000, 10-14).

남북정상회담 개최에 따른 정치·외교적 성과도 한반도뿐 아니라 좀 더 포괄적인 국제관계의 틀에서 파악하는 경향을 보이고 있다.

이들은 우선 남북정상회담 개최 이후 남북한의 관계개선을 주요 성과로 평가하는 한편, 북한이 한반도 주변 강대국들과의 관계를 개선한 것도 중요한 성과로 보고 있다. 구체적으로 살펴보면, 북미관계 변화의 징후로서 이들은 미국의 대북제재 부분 완화, 북한 국방위원회 제1부위원장 조명록의 방미 및 미 국무장관 매들린 올브라이트의 방북, 한국전쟁 당시 실종된 미군병사 문제에 대한 회담재개 등을 거론한다(虞少華 2001, 29-34). 북중관계에서도 2000년 5월과 2001년 1월 두 번에 걸쳐 김정일 국방위원장이 중국을 방문하여 양국 간의 전통적인 우호관계를 재확인했다는 점을 부각시키고 있다. 또한 북러관계에서도 양국이 1961년에 체결된 '조소 우호협력상호조약'을 대체하는 '조러 선린우호협력조약'을 2000년 2월에 체결했으며, 2001년 7월 김정일 국방위원장이 러시아를 방문하여 푸틴 대통령과 정상회담을 가진 뒤 '모스크바 선언'을 통해 양국이 새로운 관계를 정립했다는 점을 강조한다(金熙德 2001b, 5-6; 楊伯江 等 2001, 29-33; 程玉潔 等 2001, 49-56).[30] 이들은 또 동북아 지역안보 차원에서 북한이 2000년 7월 ARF에 가입했다는 점을 남북정상회담의 성과로 보며, 남북정상회담이 일본 및 유럽 국가들과 북한 간의 관계개선에도 영향을 끼쳤음을 지적한다(王少普 2001, 45-48).[31]

경제적인 측면에서 중국 내 한반도 문제 전문가들은 남북정상회담 이후 남북경제공동체의 수립 및 발전에 주목하며, 이러한 경제공동체가 동북아 경제협력의 토대가 될 수 있다는 점에 관심을 모으고 있다. 우선 남북경제공동체가 남

---

30 러시아의 한반도 정책에 대해서는 樸鍵一·韓春愛(2001, 29-36) 참조.
31 북한의 ARF 가입 동기와 그 의의에 대한 연구는 劉名軍(2000, 21-24) 참조. 북일관계의 발전에 대해서는 張玉山(2001, 25-29), 徐文吉(2001, 8-11, 14) 참조.

북 간의 경제적 상호의존, 경제적 보완관계 및 협력을 촉진함으로써 한반도의 평화와 안정에 도움이 된다고 이해하며, 경의선 연결사업과 서해공업단지 개발과 같은 공동사업이 장기적인 측면에서 남북경제공동체의 수립에 기여하는 바가 크다고 인식한다.[32] 이들은 남북경제공동체가 동북아 지역의 경제협력에 평화와 안정을 부여하고, 동북아 지역 각 국가 간의 양자적 또는 다자적 경제교류 및 협력에 새로운 발전 가능성을 부여한다고 평가한다. 또 남북경제공동체가 동북아 경제협력을 유도할 수 있는 두만강 유역 개발과 같은 사업들을 장기적인 시각에서 발전시키는 시금석이 될 수 있다는 점을 강조하면서 남북경제공동체와 동북아 지역의 경제협력을 연관 짓는다(韓수玉 2001, 26-27).

이와 같은 내용으로 볼 때, 중국 내 한반도 문제 전문가들은 1998년부터 시작된 한반도의 상황변화가 한반도의 평화와 안정, 경제적 번영에 상당히 긍정적이라는 평가를 내리며, 이를 동북아 차원의 다자간 질서구축과 연결하여 논의를 발전시키고 있다.

4. 중국 내 한반도 연구의 특징 및 한계

중국 내 한반도 문제 전문가들의 연구내용을 구체적으로 살펴본 결과, 이들의 연구가 거시적인 측면에서 다음과 같은 세 가지 특징 또는 한계를 나타내고 있다는 점을 발견하였다.

첫째, 중국 내 한반도 문제 전문가들은 아직까지 이론적인 접근이나 전문가

---

32 남북경제공동체에 대한 중국의 인식은 韓수玉(2001, 22-27) 참조.

수준의 분석을 하고 있지는 못하다. 이들의 연구는 한반도의 상황변화에 따라 현실을 분석하거나 변화의 이유를 나름대로 해석하는 데만 집중하는 경향을 보일 뿐, 실질적인 학문적 분석은 찾아보기 힘들다. 이러한 현상이 나타나게 된 근본적인 원인은 이들이 한국의 학술연구에 접근하지 않는다는 점에서 찾아볼 수 있다. 이들이 연구과정에서 사용하는 한국 자료는 주로 신문, 잡지 등 대중매체에 국한되고 있으며, 학술적인 연구나 이론적인 분석을 연구에 인용하는 경우는 드물다. 또 한반도의 정치·외교·경제문제를 다룬 한국의 주요 학술간행물과 주요 연구자들 및 그들의 연구영역에 대한 이해가 부족하다. 예를 들어 중국에서 『한국정치학회보』나 『국제정치논총』과 같은 학술간행물은 거의 찾아보기 힘들고, 이러한 간행물의 역할이나 중요성에 대하여 이해하고 있는 연구자들도 거의 없다. 이러한 상황에서 한반도 문제에 대한 실증적인 연구를 하는 것은 쉽지 않은 일로 여겨진다.

둘째, 북한에 대한 관심 저하와 북한 연구의 양적인 감소이다.[33] 이와 같은 경향은 한중수교 이후 중국 내 한반도 문제 전문가들 사이에서 한국에 대한 관심이 커지고 있는 것이 주된 이유이지만, 북한 연구에 대한 수요 감소와 북한에 대한 실증적인 자료 접근이 곤란하다는 점도 그 원인으로 지적되고 있다. 사실 중국 내 한반도 문제 전문가들도 한중수교 이후 북한의 학자나 관료들과 접촉하는 데 상당한 제약이 따르며, 학술 목적의 북한 방문도 거의 성사되지 않고 있다. 따라서 북한 내부의 상황변화에 대한 정보 및 자료 부족으로 연구주제의 다양화와 체계적인 분석이 이루어지지 않고 있다.[34] 북한과 관련된 민감한 주제를

---

33 피야오젠이와 진시더는 중국에서 발간되는 학술간행물 『동북아연구』와 『동북아논단』에 게재된 논문을 분석하여 중국에서 북한 연구가 감소하고 있음을 보여주었다(樸鍵一 2001b, 42-50 ; 金熙德 2001a, 71-92).
34 그럼에도 북한에 대한 연구는 조금씩이나마 지속되고 있으며, 특히 최근에 발표된 두 편의 논문은 북한의 정치·외교·경제에 대하여 상당히 분석적이고 설득력 있는 연구결과를 도출했다는 점에서 주목할 만하다(樸鍵一 2001a, 3-10 ; 陳龍山 2002, 3-12).

연구하는 데에도 많은 제약이 따름으로써 인권문제나 탈북자 문제 등은 연구영역에서 제외되고 있다. 사실 중국도 국제사회에서 인권문제에 관해서는 떳떳하지 못한 인권문제국에 속하기 때문에 북한의 인권문제뿐 아니라 인권문제 자체에 대한 학문적 연구에 규제를 가하는 것은 어쩌면 당연한 결과라고 볼 수 있다. 중국은 아직도 서구 선진국들이 인권문제를 불평등하게 적용시킨다고 믿고 있으며, 인권문제는 근본적으로 주권의 문제이므로 간섭할 수 없는 대상으로 이해하고 있다.[35] 중국 정부는 중국 내 탈북자의 존재를 인정하지 않기 때문에 탈북자에 대한 연구는 시작조차 불가능하다고 할 수 있다.

셋째, 중국 내 한반도 문제 전문가들은 국제사회에서 관심을 갖고 있는 한반도의 안보와 관련하여 별다른 연구성과를 내지 못하고 있다. 중국은 현재 한반도의 안보문제에 대하여 가장 강력한 영향력을 가진 강대국 중 하나이자 남북한 모두와 외교관계를 유지하고 있는 국가이다. 따라서 국제사회에서는 북한 핵문제와 같은 안보적으로 민감한 문제를 중국이 어떻게 인식하고 있는지에 대하여 상당한 관심을 표명하고 있다. 북한의 폐쇄성과 북중관계의 특수성을 고려할 때, 한반도 안보와 관련하여 중국의 입장이 상당히 중요하기 때문이다. 그러나 중국에서는 이러한 문제를 한반도에 국한시키지 않고 동북아 전체의 안보질서 차원에서 파악하는 경향이 강하다. 특히 북한 핵문제를 비롯한 안보문제는 북한과 미국과의 관계 내지는 미국에 대한 이해가 바탕이 되어야 하기 때문에 영어 능력이 떨어지는 한반도 문제 전문가들이 이러한 주제를 연구하기는 쉽지 않다고 볼 수 있다.[36] 또한 중국 내 미국 전문가들이 미국의 세계전략이나

---

35 인권과 주권의 관계에 대해서는 梁守德(2001, 4-9) 참조. 국제인권법의 불평등 적용에 대해서는 張嵐(1999, 12-14) 참조.

36 중국의 한반도 문제 전문가들 중 북미관계 및 미국의 한반도 정책에 대하여 연구한 경우는 虞少華(1997, 11-16), 樸鍵一(2001c, 40-45) 참조. 북한 핵문제에 대한 자료로서 저자 없이 사건 연표만 기술해 놓은 기록은 "朝鮮半島核問題大事記(1990~1994.4)", 『當代亞太』(1994年 第3期), pp. 66-67 참조.

동북아전략에 대한 분석 내지는 동북아 안보질서에 대한 연구에서 한반도의 안보문제를 연관 지어 언급하고 있지만, 이를 한반도에 대한 연구로 간주하기는 힘들다.[37] 따라서 북한과 관련한 한반도의 안보문제는 중국 내 한반도 문제 전문가들과 미국 전문가들 사이에서 소외되고 있는 연구주제라고 할 수 있다.

위와 같이 중국 내에서의 한반도 문제 연구는 뚜렷한 한계를 안고 있으며, 이는 중국의 한반도 연구에 상당한 제약이 되고 있다. 특히 한반도 문제 전문가들은 북한 관련 연구의 구조적 한계를 절감하고 정부의 규제로부터 자유롭고 학문적 관심에도 부응하는 한국의 대내적 발전, 한중관계의 발전, 남북관계의 발전과 같은 주제들을 연구하는 경향을 보인다. 그러나 한반도 문제 연구가 발전하기 위해서는 한국 내에서 이뤄지고 있는 학술적 연구에 접근하여 좀 더 체계적이고 분석적인 연구를 수행하는 한편, 한국 학술계의 동향 및 연구방향에 대한 세밀한 분석이 요구된다.

5. 결론

1992년 한중수교와 함께 한반도 문제에 대한 중국의 영향력이 강화되고 있는 현실을 반영하여 중국 내에서 활동 중인 한반도 문제 전문가들의 연구를 분석함으로써 한반도 문제에 대한 중국의 인식을 살펴보았다. 그 결과 중국 내 한반도 문제 전문가들은 한중수교와 더불어 학문적 자율성이 향상됨에 따라 연구

---

37 중국 내 미국 전문가들 중 옌쉐퉁(閻學通), 추수롱(楚樹龍), 왕지쓰(王輯思) 등은 동북아시아 안전문제 및 미국의 대아시아 정책 등을 분석하면서 한반도 문제를 자주 언급하고 있다.

범위를 한반도 전체로 확대하고 연구주제도 다양화하는 경향을 보였다. 특히 이들은 북한보다 한국에 더 많은 관심을 표명하고 있는데, 이는 중국사회에서 한국에 대한 인식을 제고하는 긍정적인 역할을 한다고 볼 수 있다. 이와 같은 중국의 태도는 개혁·개방과 한중수교에 따른 남한의 비중 증가, 북한과 비교할 때 남한의 상대적 선진성, 그리고 남한과의 교류 및 접촉의 증가에서 비롯된 자연스런 현상이라고 볼 수 있다.

그러나 중국 내 한반도 문제 전문가들은 주로 한국의 경제발전, 한중관계의 발전, 남북관계의 발전이라는 세 개의 큰 틀에서 한반도를 연구하고 있다. 또 한중수교, 아시아 경제위기, 남북정상회담 등 한국의 경제, 한중관계, 그리고 남북관계에서 중요한 전환점이 되는 사건들을 중심으로 그 원인 및 사건 전후의 변화, 그것이 중국에 미치는 영향에 대해 나름대로 해석을 시도하고 있다. 연구주제가 이렇게 편중되는 이유는 전문가들 대부분이 자국의 경제 및 안보에 대한 학습효과를 목표로 한반도 연구를 수행하기 때문이기도 하지만, 더 중요한 이유는 한반도 연구에 따르는 구조적 한계 때문이라고 할 수 있다.

중국 내 한반도 문제 전문가들은 북한의 핵위기나 빈곤문제, 탈북자 증가와 같은 사건들에 대해서는 사건발생 시기나 상황변화에 상관없이 별다른 연구성과를 내지 못하고 있다. 이는 북한과 관련한 민감한 주제에 대한 연구 규제, 북한 핵문제에 대한 연구자들 사이의 영역 혼동, 연구주제로서 북한 자체의 비중 저하 등에서 그 원인을 찾아볼 수 있다. 이러한 구조적 한계는 중국 내 한반도 문제 전문가들이 한국의 경제문제나 한반도의 안정과 발전에 초점을 맞추어 연구를 진행하는 가장 큰 이유가 되고 있다. 이들의 연구가 좀 더 발전적인 형태로 자리 잡기 위해서는 한반도 문제 전문가들 사이에 한국의 학술연구 및 이론적 분석에 대한 이해가 증진되어야 하는데, 이를 통해 한반도 문제 연구가 좀 더 체계적으로 활성화될 수 있을 것이다.

제2부

후진타오 시대 중국의 대외관계 변화

제3장

ARF와 중국 : 중국의 안보적 구속에 대한 논의

1. 서론

    1990년대 국제정치의 주요 연구주제 중 하나는 '부상하는 중국'(rising China)
과 이에 대한 국제적 대응방안의 모색이었다. 중국은 1978년 개혁·개방 이후
20년에 걸친 초고속 경제성장을 바탕으로 정치적·경제적·군사적 강대국으로
부상하고 있으며, 국제정치의 주요 행위자로 성장해 가고 있다(Overholt 1993a ;
Brahm 1996). 한편 중국은 국제사회의 기대와는 달리 탈냉전기에도 여전히 사회
주의 체제를 고집하면서 주권보호와 영토보존을 근거로 때로는 주변국의 안보
를 위협하고, 때로는 국제사회의 유일한 초강대국인 미국과 대립하고 있다
(Gertz 2000 ; Gertz 1999 ; Betts 1996, 32-75 ; 한석희 2001, 95-110). 이에 따라 국제사
회는 중국이 앞으로 지속적으로 성장할 것이라는 전제 아래 부상하는 중국의
갈등적 측면을 완화시키고 국제질서에 평화적으로 순응시키기 위한 방안을 모
색한 결과 포용정책(engagement policy)과 봉쇄정책(containment policy)을 대표적
인 대안으로 제시하였다.[1]

---

1 봉쇄정책과 포용정책에 대한 비판적 평가는 Shambaugh(1996, 180-209), Khalilzad(1999a, IP-187) 참조.

봉쇄정책을 주장하는 구미의 정치가 및 학자들은 중국의 부상을 필연적인 체제위협으로 간주하고 중국에 대한 강경책을 주장한다.[2] 반면에 대(對)중국 포용주의자들은 국제정치의 제도주의자들(institutionalists)의 주장을 따라, 중국을 가능한 한 많은 다자간 국제체제에 가입시키고 그를 통해 중국의 경제발전을 지속적으로 도모하여 안보 위협을 완화시키는 것을 포용정책의 핵심으로 간주한다. 다자간 국제체제에 대한 참여는 중국의 대외관계 변화를 전제로 한다. 즉 중국을 다자주의에 참여시킴으로써 국제적 규범과 가치에 부합하는 방향으로 국가이익을 조절해 나가도록 한다는 입장이다.[3] 사실 1990년대 초반까지 중국은 자국의 이익에 따라 다자간 국제체제에 대하여 선별적·차별적으로 참여하며 활동의 수위를 조절해 왔다. 그 예로 중국은 상호의존적 경제발전의 대내외적 중요성에 따라 WTO나 아시아태평양경제협력체(Asia-Pacific Economic Cooperation, APEC)와 같은 다자간 경제체제에는 상당히 적극적으로 참여하면서도, 자국의 안보와 관련된 다자간 안보체제, 특히 다자간 지역안보체제에 대해서는 소극적·부정적·방어적 자세를 유지하면서 참여를 자제해 왔다(Yahuda 1997, 6-26 ; Wang Jianwei 1999, 83).[4]

샴보는 로스(Robert Ross) 등과 함께 대표적인 중국 관용주의자로 꼽히지만, 위의 논문에서 그는 봉쇄정책과 포용정책을 균형 있게 비판한다. 중국의 부상과 이에 따른 국제정치의 변화에 대해서는 Goodman and Segal(1997), Brown et al.(2000) 참조.
2 대중국 봉쇄정책은 중국의 경제발전이 국방력 강화로 이어지며 이는 필연적으로 현존 국제체제를 위협하기 때문에 중국이 좀 더 강력한 경쟁자로 성장하기 전에 전략적으로 통제해야 한다는 믿음에서 비롯되고 있다(Schweller 1999, 1-31; Bernstein and Munro 1998; Rachman 1996, 129-140; Segal 1996, 107-135).
3 대중국 포용정책과 제도주의의 상관관계에 대해서는 Johnston and Ross(1999), Shinn(1996), Shambaugh (2001, 25-30) 참조. 제도주의자들의 주장에 대해서는 Axelrod and Keohane(1985, 226-254) 참조.
4 APEC에 대한 포괄적인 연구와 함께 중국과 APEC의 관계에 대해서는 유현석(1998, 211-236) 참조. 다자간 안보체제는 세계적 수준의 체제와 지역 수준의 체제로 구분할 수 있다. 중국은 세계적 수준의 다자간 안보체제인 포괄적 핵실험금지조약(Comprehensive Test Ban Treaty, CTBT), 화학무기금지조약(Chemical Weapons Convention, CWC), 핵확산금지조약(Non Proliferation Treaty, NPT) 등에는 적극적으로 참여해 활동하고 있는 반면, 지역 수준의 다자간 안보체제에는 소극적으로 대응해 왔다. 그 주요 원인은 세계적 수준의 체제와는 달리 지역 수준의 체제에는 특정 국가, 특히 중국을 '구속'하려는 의도가 있었기 때문이다

　　그러나 중국은 1994년부터 다자간 지역안보체제에 대해 태도변화를 보이면서 아시아태평양 지역의 안보를 협의하기 위하여 설립된 ARF에 참여해 활동을 시작했다.5 서구의 중국 전문가들은 이러한 중국의 태도변화를 포용정책의 목표에 긍정적으로 반응하는 과정으로 파악하고6 '구속'(tie down or enmeshment)이라는 대중국 포용정책의 목표와 연관 지어 중국이 결국은 ARF의 규율과 규범에 따라 기존의 국제질서에 평화롭게 편입할 것이라는 주장을 조심스럽게 제기해 왔다.7 그러나 이들의 주장과는 달리, ARF에 대한 중국의 실질적인 태도는 제도주의자들이 전제했던 것과는 질적인 차이를 보이고 있다. 즉 중국의 ARF 참여는 제도주의자들의 주장과 같이 포용정책을 근본적으로 받아들이는 수용적 변화(cognitive learning)라기보다는 상황에 따라 표면적인 변화만을 추구하는 전술적 변화(tactical learning)에 가깝다는 것이다(Levy 1994, 279-312). 중국은 ARF에 대한 전술적 태도를 중심으로 자국의 국가이익에 대해 어느 정도의 타협을 전제로 이

(Johnston and Evans 1999, 235-272 ; Evans 1996, 249-270).

5 ARF는 1994년 방콕에서 정식으로 출범한 다자간 안보협력체로서 ASEAN 10개국과 호주, 캐나다, 중국, 인도, 일본, 한국, 뉴질랜드, 러시아, 미국, 파푸아뉴기니, EU, 북한, 몽골 등 동아시아 국가들이 광범위하게 참여하는 정부 간의 공식적인 기구이다(Kwon 2002, 63-76). ARF의 공식 사이트에 따르면 ARF는 현재 23개 회원국으로 구성되어 있다(www.dfat.gov.au/arf/arf_members.html). ARF에 대한 중국의 태도변화는 중국의 주변지역에 대한 인식의 전환에서 그 근거를 찾아야 한다. 중국과 동남아 국가들 사이의 관계변화에 대해서는 이동률(2000, 13-43) 참조. ARF의 설립과정 및 구조, 성격에 대해서는 변창구(1996, 245-272) 참조.

6 이와 같은 입장에 대해서는 Evans(1996, 249-270), Johnston(1999, 287-324), Johnston and Evans(1999, 235-272) 참조. 중국의 태도가 변하게 된 주요 원인은 중국의 부상에 따른 중국위협론의 완화, 미일 안보동맹에 대한 견제, 그리고 ARF의 반중국적 동맹집단화 가능성의 차단에서 찾아볼 수 있다(Shirk 1994, 1-13 ; Garret and Glaser 1994, 14-34).

7 존스턴은 다자간 안보체제에 참여하는 것이 중국의 대외행태에 영향을 미친다는 전제 아래 이를 중국의 외교적 행태변화와 동일시하고 있다(Johnston 1999, 287-324). 아시아태평양 지역에서 다자간 지역안보협의체에 대한 논의는 1990년대 초반 냉전의 종식에 따른 국제환경의 변화와 함께 시작되었다. 특히 ASEAN으로 대표되는 동남아 국가들은 미군의 지역안보 역할 축소로 인해 경제적·군사적으로 부상하고 있는 중국이 동아시아의 안보를 위협할지도 모른다는 불안감에서 대안을 모색하게 되었다(Betts 1996, 32-75 ; Shirk 1994, 1-13). 이 과정에서 ASEAN을 주축으로 대화, 신뢰 구축, 투명성 확보를 목적으로 ARF가 조직되었으며, 이후 중국을 구속하는 것이 ARF의 가장 중요한 역할 중 하나로 부각되었다(Johnston and Evans 1999, 15-24 ; Foot 1998, 425-426).

루어지는 '구속'을 교묘히 피해 가면서 자국이 얻을 수 있는 효과만을 추구하고 있다는 것이다.

따라서 이 글에서는 제도주의자들이 의도했던 ARF를 통한 중국의 구속은 성공하기 힘든 정책이라는 전제 아래, ARF가 중국을 '구속'하지 못하는 이유를 ARF 자체의 구조적 요인과 ARF에 대한 중국의 외교적 행태를 통해 구체적으로 살펴보고자 한다.

2. 제도주의적 접근과 아세안적 방식

대중국 포용주의자들이 말하는 ARF에 의한 중국의 구속이란 다분히 제도주의자들의 시각에서 출발한다. 따라서 이들은 ARF가 국가에 대한 구속력 내지는 제재력을 가진 일반적인 다자적 안보체제의 형태로 변화해 갈 것이라고 믿고 있다(Johnston 1999, 287-291). 즉 ARF는 다양한 군사적 위협으로부터 국가를 보호하기 위하여 제도화된 다자적 안보체제와는 성격이 다른데도 ARF가 북대서양조약기구(North Atlantic Treaty Organization, NATO), 서유럽연합(Western European Union, WEU), 미주기구(Organization of American States, OAS), 유럽안보협력기구(Organization for Security and Cooperation in Europe, OSCE) 등과 같은 유럽과 미주의 집단안보체제로 발전해 가는 것을 전제하고 있다(Wallander, Haftendorn, and Keohane 1999, 1-18). 다자간 안보체제의 가장 큰 특징은 체제구축 과정에서 국가에 대한 간섭을 허용, 강조하는 다자주의적 성향이다. 대중국 포용주의자들은 체제가 국가를 구속하기 위해서는 국가가 체제의 규범과 규율에 순응하도록 하는 제도적 장치를 강구해야 하며, 특히 규범과 규율을 어겼을 경우 국가를 제재할 수 있는 수단을 마련해야 한다는 것을 강조한다(Caporaso 1993, 51-90).

제도주의적 접근에서 나타나는 국제체제와 국가의 관계는 기본적으로 비용과 이익의 구조 속에서 국가의 국제체제 참여와 국제체제가 국가에 미치는 영향력과의 상관관계에서 분석되고 있다. 즉 다자간 체제의 가입은 비용과 이익을 동반하며, 일반적으로 국가들은 다자간 체제에 참여함으로써 얻는 이익이 이러한 체제로부터 부여되는 비용보다 크기 때문에 체제에 지속적으로 참여하고 그 규범과 가치를 따른다고 말한다(Martin 1993, 91-122). 여기서 제한이란 감시, 보상 또는 강제적 제재를 통하여 국가이익을 제한하는 것을 말하며, 이익과 비용이란 물질적 의미가 아닌 국가 이미지 제고나 국제여론의 비판과 같은 사회적 이익과 비용을 말한다(Johnston 1999, 290-293).

이와 같은 논의를 ARF와 중국과의 관계에 적용해 보면, 주요 쟁점은 ARF가 어떻게 중국의 대외적 태도에 영향을 미치는가 하는 문제로 귀결될 수 있다. 즉 중국을 ARF에 가입시키고 ARF 내에서 대화와 교류를 지속하게 할 경우, ARF가 중국의 안보적 국가이익을 제한하고 지역안보문제에 대한 중국의 태도변화를 유도할 수 있는가 하는 문제이다.[8] 현재 중국의 국가이익과 관련된 동아시아의 주요 안보문제는 대만문제와 남중국해의 영토분쟁이다. 제도주의자들의 논리에 근거하면 중국은 ARF에 참여하는 과정에서 대만문제와 남중국해 영토분쟁과 관련된 국가이익을 어느 정도 포기하거나 타협해야 한다. 제도주의자들은 중국이 ARF에 참여함으로써 ASEAN 국가들 사이에 만연한 중국의 군사적 위협에 대한 우려를 완화시키고 상호간에 신뢰를 회복하여 책임 있는 강대국으로서의 이미지를 구축할 수 있음을 강조한다. 또한 이들은 중국이 ARF 체제와 지속

---

8 크래스너(Stephen D. Krasner) 교수는 제도주의적 주장을 계약주의적 접근과 사회학적 접근으로 나눈다. 사회학적 접근이란 체제와 국가의 이익이 상호적으로 형성된다는 점을 강조하는 반면, 계약주의적 접근은 체제가 어떻게 국가의 선택을 제한하는가를 강조하는 경향이 있다(Krasner 1983, 361-363). 이 글에서는 사회학적 접근에 더 큰 비중을 둔다.

적으로 상호작용하는 과정에서 ARF 탈퇴나 폭력을 이용한 안보적 국가이익의 추구와 같이 ARF의 규범에 반하는 행위를 하기에는 비용이 너무나 크기 때문에 ARF가 중국의 국가이익을 제한하고 구속할 수 있다고 주장한다(Sutter 2002, 13-37 ; Wanandi 1996, 117-128 ; Swaine and Johnston 1999, 90-135 ; Johnston and Evans 1999, 265-266).

그러나 ARF의 경우 체제의 보편성과 제도화를 강조하는 제도주의와 달리, 설립과정에 주축이 되었던 ASEAN 국가들의 정치적 영향력에 의하여 아시아태평양 지역의 특수성과 반제도화를 강조하는 아세안적 방식을 그 운용의 특징으로 내세우고 있다. 이는 ARF가 중국의 대외적 태도를 구속하는 데 큰 걸림돌이 되고 있다. 아세안적 방식이란 원래 ASEAN 체제 내에서 회원국들 간의 마찰을 완화하고 체제를 유지하기 위해 사용되던 정책을 아시아태평양 지역에 확대, 적용시킨 방식이다. ARF에서 아세안적 방식은 ARF가 국가를 구속할 수 있는 수단에 접근하는 것을 구조적으로 봉쇄함으로써 아시아태평양 지역 국가들의 지지와 참여를 확보할 수 있는 방안으로 사용되었다(Acharya 1997a, 219-346).[9] 특히 아세안적 방식은 ARF가 회원국들의 주권을 위협하지 않는다는 점(non-threatening)과 회원국들의 만족도(comfort level)를 강조하면서 주권 중심의 규범(sovereignty-centric norms)을 확립, 회원국 간의 합의를 통한 정책결정(consensus decision-making), 그리고 체제제도화의 최소화(thin institutionalization) 등을 중심으로 그 내용을 발전시켜 왔다(Acharya 1997b, 1-18 ; Whiting 1997, 199-222).

특히 ARF는 아세안적 방식을 도입하여 ASEAN 국가들의 참여뿐 아니라 중국의 참여를 성공적으로 이끌어 냈다고 볼 수 있다. 중국은 전통적으로 다자간 체제가 중국의 국력신장과 독립성 유지에 부정적인 역할을 한다고 인식해 왔기

---

9 ASEAN 국가와 중국의 관계, ASEAN 국가들의 대중국정책에 대한 포괄적인 자료는 陳喬之 等(2001) 참조.

때문에 다자간 체제에 대하여 강한 거부감을 나타내었다. 또 냉전 후 주요 선진국들 사이에서 강조되고 있는 대중국 화평연변 정책에 따라 다자간 체제에 대한 거부감이 더 강해졌다. 그러나 ARF가 도입한 아세안적 방식은 일반적으로 제도주의자들이 주장하는 다자간 체제와는 상당한 차이를 보였다. 특히 가입국의 주권을 존중하면서 정치·경제·사회·군사를 모두 포괄하는 종합안전을 추구하고 신뢰구축을 위한 예방외교적 성격을 띤다는 점에서 중국은 1994년 ARF의 출범과 함께 회원국으로 활동을 시작하게 되었다(丁奎松 1998, 8-9 ; Garrett and Glaser 1994, 19 ; Foot 1998, 427-429).

첫째, 아세안적 방식은 외부의 도전으로부터 국내의 정치질서나 정통성을 보호하는 주권 중심의 규범 확립을 강조한다. 다수의 ASEAN 국가들은 역사적으로 식민지를 경험했고 다민족으로 구성된 데 따른 민족의 동질성 문제에 시달리고 있다. 따라서 이들 국가는 국내정치와 정통성 문제에 대한 외부의 간섭에 상당히 민감하게 반응한다. 이와 같은 상황을 반영하여 ARF는 주권, 평등, 독립, 영토보전, 국내문제에 대한 불간섭, 체제선택의 권리 등을 주요 내용으로 하는 주권 중심의 규범을 강조하고 있으며, 이를 회원국 간의 행동준칙으로 삼고 있다(Acharya 1997b, 12-13).[10] 대만문제 및 인권문제 등과 관련하여 외부의 간섭에 민감하게 반응하는 중국도 ARF의 주권 중심 규범을 전폭적으로 지지하며, 이러한 접근법이 아시아태평양 지역의 평화와 안전에 도움이 된다고 긍정적으로 평가한다.[11]

---

[10] 이 규범이 처음으로 도입된 것은 1976년 ASEAN의 '우호협력조약'에서였다. ASEAN 회원국들은 1994년 제1차 ARF 회의에서 이 규범을 회원국 간의 행동강령으로 승인하고, 1996년 제3차 ARF 회의에서 ARF의 원칙으로 구체화하였다(Leifer 1996, 35-45).

[11] 기본적으로 ARF는 아시아 지역의 다양성을 전제로 시작되었기 때문에 구동존이(求同存異)의 차원에서 각국의 주권 존중을 가장 중요한 덕목으로 간주하고 있다(石勇敏 1998, 29-32 ; Christensen 1999, 239-256). 존스턴은 "hyper-sovereignty value"라는 말로 중국이 주권에 대해 가치를 과도하게 부여하고 있다고 비판한

둘째, ARF는 회원국들의 만족도를 높이기 위하여 만장일치나 투표보다는 합의에 의한 정책결정을 강조한다(변창구 1996, 261-262 ; Johnston 1999, 301-302). 아시아태평양 지역 국가들은 다양한 정치·경제·문화적 배경을 가지고 있기 때문에 회원국 간에 갈등을 줄이고 결속을 도모하는 것이 상당히 어려운 과제로 지적되고 있다. 상호간의 협력과 결속을 위해서는 참가자들의 포괄적인 토의를 바탕으로 합의를 이루어 정책결정을 하는 방식이 효과적이라고 할 수 있다. 따라서 ARF는 토의과정에서 회원국들 간에 논쟁의 여지가 있거나 마찰을 일으킬 수 있는 주제보다는 합의 도출이 용이한 쟁점들을 논의의 주제로 선정하는 경향이 있다(Foot 1998, 431-433).

또 합의된 결정사항을 수행할 때에도 회원국들의 만족도에 따라 완급을 조절하는 것을 원칙으로 한다. ARF 회원국들은 제기된 쟁점에 대하여 원칙적으로는 합의하더라도, 다양한 정치·경제·사회적 배경으로 인하여 합의된 사안을 실행하는 데 서로 다른 반응을 나타낼 수 있다. 따라서 ARF는 모든 회원국들이 수용할 수 있는 수준으로 보조를 맞추어 결정사항을 수행해 가는 방식을 채택하고 있다(Acharya 1997b, 12-13 ; Whiting 1997, 211). 중국은 합의를 바탕으로 한 ARF의 정책결정구조와 회원국들의 만족도를 고려한 정책수행에 대하여 상당히 긍정적인 평가를 하고 있다. 즉 중국은 쟁점을 둘러싼 토의과정에서 자국의 입장을 충분히 반영할 수 있고 자국의 동의 없이는 정책이 수행될 수 없다는 면에서 ARF를 상당히 긍정적으로 평가한다. 따라서 ARF에 대해 자국을 변화시키려는 위협으로 간주하기보다는 자국의 이익을 위하여 활용할 수 있는 대상으로 간주하는 경향이 있다.[12]

다(Johnston 1998, 23).
12 중국은 ARF의 정책결정과정에서 평등협상과 협상일치, 그리고 순서점진의 원칙을 주장하고 있다(成雪峰 2001, 13 ; 閻學通 1997, 160-163).

셋째, 대다수 ARF 회원국들은 ARF를 제도화하는 데 반대하고 있다. 제도화란 다자주의에서 주장하는 바와 같이 체제의 성립과 함께 만들어진 규율 내지는 규범에 따라 모든 회원국들이 법적인 구속력을 인정하고 이를 지키기 위해 책임과 의무를 다하는 것을 의미한다. 제도화된 체제는 강제적 제재를 통하여 국가의 행위를 구속하는 것을 목적으로 하는 집단안보체제를 전제로 한다(Acharya 1997a, 333-334).[13] 그러나 체제의 공식적인 제도화가 아시아태평양 국가들에게 구속력에 대한 부담을 줄 수 있고 강대국에 의해 통제될 수 있다는 우려 때문에 ARF는 초기부터 진화론적 발전과정과 비법률적 방식, 그리고 구속력에 대해 명백히 반대하면서 합작안보(cooperative security)를 지지해 왔다(변창구 1996, 261 ; Leifer 1996, 55-57).[14] 중국도 공동의 적에 대한 블록 형성을 목표로 하는 집단안보보다는 잠재적 적에 대한 설정 없이 대화를 통해 신뢰를 쌓고 투명성을 제고하는 합작안보를 더 선호하고 있다. 특히 잠재적 침략자 또는 침략동맹에 대한 군사능력의 압도적인 우세를 전제로 안보에 대한 공통된 인식을 조율하고 집단의 안보이익에 맞춰 회원국의 안보이익을 조정해야 하는 집단안보는 아시아의 실정에 맞지 않는다고 주장한다. 따라서 아시아태평양 지역의 안정과 발전, 신뢰구축, 군사적 투명성 제고와 같은 지역안보를 위해서는 합작안보가 훨씬 더 효과적인 수단임을 강조한다.[15]

이와 같이 ARF의 아세안적 방식은 제도주의가 주장하는 국가에 대한 체제의 구속과는 다른 방향에서 ARF와 국가의 관계를 설정하고 있다. 즉 아세안적 방식은 ARF가 국가를 구속할 수 있는 규율과 규범의 법적인 효력을 무력화시키

---

13 다자주의가 주장하는 바와 같이 제도화를 이룬 대표적인 다자간 안보체제로 유럽안보협력기구(CSCE, 후에 OSCE로 전환)를 들 수 있다. 다자주의에 대한 포괄적인 연구는 Ruggie(1993) 참조.
14 협력적 안보에 대한 구체적 내용은 Evans(1994, 16) 참조.
15 집단안보와 합작안보의 성격상 구분과 기능에 대해서는 成雪峰(2001, 11-17), 陳峰君(1999a), 趙寶煦(1998), Dewitt(1994, 1-15) 참조.

고 국가에 대한 ARF의 제재를 제한하는 형태로 그 구조를 만들어 갔으며, 이러한 구조는 중국이 ARF에 참여하는 데 크게 기여했다고 볼 수 있다. 그러나 아세안적 방식의 도입은 오히려 중국에 대한 ARF의 구속을 구조적으로 막는 요인으로 작용하고 있다.

3. ARF에 대한 중국의 외교적 행태와 구속

ARF가 중국을 구속하지 못하는 데에는 구조적인 요인도 있지만, 그보다 더 중요한 요인은 중국이 ARF의 구속을 회피하는 대신 자국의 이미지를 제고하고 안보적 국가이익을 도모하기 위하여 ARF를 활용한다는 데 있다. 중국이 ARF의 구속을 회피하고 ARF를 통하여 자국의 이익을 추구하고 있다는 것은 자국의 국가이익을 제한하거나 타협하기보다 오히려 국가이익을 증진시키고 있다는 것을 뜻한다. 중국은 특히 대만과 남중국해 문제, 그리고 군사적 투명성 문제에서 ARF의 구속을 회피하는 경향을 보이고 있다.

첫째, 중국은 대만문제를 ARF의 의제로 선정하는 데 강력히 반대하고 있다. 현 단계에서 중국에 가장 중요한 국가이익은 대만의 회복인데, 중국은 지금까지 대만문제를 철저하게 국내문제로 간주하고 있다. 따라서 중국은 대만문제를 다자간 국제체제의 쟁점으로 국제화하는 것에 적극적으로 반대해 왔다(He 1998, 6-7 ; Shirk 1994, 12). 사실 대만문제는 동아시아 안보문제의 핵심 쟁점 중 하나로, ARF에서 꼭 다뤄야 할 문제이다. 그러나 ARF 가입을 결정하는 과정에서도 나타났듯이, 중국은 아직도 대만문제를 ARF 안보토의의 의제로 상정하는 데 대해 공식적으로 반대를 표명하고 있다.[16] 또한 ASEAN 국가들도 중국이 ARF를 탈퇴할 것을 두려워해 중국의 주권과 관련된 민감한 사안에 소극적으로 대처해 왔으며, 중국과의 외교관계 악화를 염려하여 대만문제를 적극적으로 의제화하지 못하고 있는 상황이다(Chongkittavorn 2000).[17] 이와 같이 중국이 자국의 영향력을 바탕으로 ARF에서 대만문제를 쟁점화하지 못하게 한다는 사실은 ARF가 중국의 국가이익을 통제하고 중국을 구속하는 데 한계가 있음을 드러내는 예라고 할 수 있다.

둘째, ARF가 중국을 구속하는 데에서 나타나는 한계 중 또 하나는 남중국해 문제에 대한 논의에서 뚜렷하다.[18] 남중국해 문제는 일종의 영토분쟁으로서, ASEAN 국가들은 이 문제에 관한 한 회원국들이 협력하여 중국의 야심을 견제하려는 태도를 보이고 있다. 이러한 상황을 인식한 중국은 1997년 남중국해 문제를 ARF에서 의제화하는 데 동의함으로써 ASEAN 회원국들의 의심을 누그러뜨리려고 노력하였다(Foot 1998, 431). 중국이 남중국해 문제를 의제화하는 데 동의하게 된 배경에는 점증하는 ASEAN 국가들의 경제적 중요성과 이들 국가 사이에서 빠르게 확산된 중국위협론이 작용하였다. 중국은 남중국해 문제를 의제화하여 자신들이 평화적이고 협력적인 태도로 문제를 해결하려 한다는 이미지를 심어주고, 이를 통해 ASEAN 회원국들과의 경제협력을 목표로 한다고 볼 수 있다. 또한 중국의 입장에서 남중국해 문제는 대만문제에 비해 중요성이 떨어지는 의제이고, 따라서 여러 국가들의 이익이 복잡하게 얽혀 있는 남중국해 문제를 국제적 쟁점화하는 대신 대만문제에 대해서만큼은 ASEAN 회원국들의 강력한 지지를 얻으려는 의도가 포함되어 있었다(『Far Eastern Economic Review』 1997.6.17).

---

16 중국은 대만문제를 의제화하는 데 상당히 소극적이었던 ARF에서는 1994년 창립과 함께 적극적으로 활동한 반면, 이를 본격적으로 의제화하려고 했던 아태안보협력이사회(Council for Security Cooperation in Asia Pacific, CSCAP)에는 가입을 보류하고 대만에 대한 자신들의 입장을 관철시킨 1996년에 가서야 본격적인 활동을 시작하였다(Johnston and Evans 1999, 259 ; Wang Jianwei 1999, 83).
17 www.taiwansecurity.org/./news/nation-01242000-asean.htm.
18 남중국해 문제에 대한 포괄적인 연구는 Garver(1992, 999-1028), Valencia(1995) 참조.

그러나 이러한 변화는 중국이 남중국해에 대한 영토 주권을 포기하거나 완화하는 것과 같은 국가이익의 변화를 의미하는 것은 아니다. 중국은 남중국해 분쟁의 해결에서 당사국들과의 양자협의를 변함없이 선호하고 있으며, 남중국해 분쟁의 실질적 해결을 위한 안보적 토의에는 아직도 미온적인 태도를 보이고 있다(Garrett and Glaser 1994, 14-34 ; 張麗東·章前明 2000, 398-402 ; Shirk 1994, 10-11). 특히 남중국해 분쟁을 의제화한 이후 중국은 분쟁지역 안의 천연자원에 대한 공동탐사나 다자간 경제협력의 가능성 등과 같은 표면상의 협력의지만을 강조할 뿐, 분쟁 해결의 가장 주요한 쟁점인 안보상의 토론은 시작조차 못한 상태에서 실속 없는 토론만 계속하고 있다(Wang Jianwei 1999, 83).

셋째, 군사적 투명성의 문제에서도 중국은 실질적인 접근보다는 형식적인 선전에만 치중하고 있다. 군사적 투명성 문제는 중국의 군사정책, 특히 군비지출문제와 군사력 증강에 따른 구체적인 통계치를 포함한 전반적인 군사정보를 주변국에 제공함으로써 상호간 신뢰구축을 목표로 하고 있다(Wanandi 1996, 123). 1995년 제2차 ARF 장관급 회담에서 결정된 바와 같이, ARF는 지역안보의 증진을 위하여 3단계 — 신뢰구축의 단계, 예방외교의 단계, 분쟁해결전략의 단계 — 의 발전과정을 전제로 하고 있으며, 현재의 ARF는 신뢰구축의 단계에 머물러 있다. 일반적으로 군사 분야에서의 신뢰구축은 대화의 단계, 투명성 제고의 단계, 공동군사연습 및 기타 협력단계 등 단계적 발전을 거쳐 이루어진다. 이를 중국에 적용시키면 중국은 현재 신뢰구축의 초기단계인 대화를 통한 투명성 제고의 단계에 있다고 볼 수 있다(丁奎松 1998, 8 ; Shirk 1994, 11).

중국의 군사적 투명성은 중국이 추진 중인 국방현대화의 의도를 의심하는 동남아 국가들과 그밖의 아시아태평양 국가들 사이에서 중요한 쟁점으로 부각되고 있다. 특히 중국의 군사력 증강에 상당히 민감하게 반응하는 ASEAN 국가들은 군사력 증강 그 자체보다는 중국이 무엇을 목표로 군사력을 증강하고 있는가에 관심을 집중하고 있다. 즉 ASEAN 국가들은 중국의 국방력 강화가 동남아 국가들의 안보와 안정에 위협적인 요소로 작용할 수 있다는 우려에서 중국의 군사적 투명성에 상당한 관심을 기울이고 있다. 따라서 이들은 중국과 지속적으로 대화함으로써 정보를 교환하고 상호신뢰를 구축하는 한편, 이러한 과정을 통하여 중국의 군사력 증강으로 인한 안보적 영향을 최소화하는 것을 군사적 투명성의 핵심으로 인식하고 있다(Wanandi 1996, 260).

중국도 주변국들과의 신뢰구축을 위한 군사적 투명성의 중요성을 인식하고는 있다.[19] 그러나 중국이 현재 시도하고 있는 군사적 투명성의 목표는 주변국들의 우려와 불안을 완화시키기 위한 군사정보의 제공에 있는 것이 아니라 형식적인 노력을 통하여 자신들의 군사적 능력을 숨기려는 데 집중되고 있다. 군사투명화와 관련한 중국 내의 논의는 투명성의 정도와 수준의 문제로 요약할 수 있다. 중국은 전통적으로 군사문제에 관한 한 비밀주의를 원칙으로 하여 군사적 안전을 도모하고 외부 침략을 억제해 오고 있다. 중국의 군사·외교 엘리트들은 군사적 투명성에 따른 정보교류의 과정을 전략적 실익을 위한 기회로 보기보다는 자국의 실질적 군사능력을 공개해야 하는 부담으로 인식하고 있다. 특히 이들은 중국을 군사적 약소국으로 간주하고 있기 때문에 자국의 군사적 낙후성과 허약성을 다른 나라에 노출하는 것을 상당히 두려워하고 있다(Foot 1998, 430 ; Shirk 1994, 28). 따라서 중국은 안보적 차원에서 최소한의 군사능력을 공개하는 범위 내에서 신뢰구축을 위한 군사적 투명성의 수위를 조절하고 있다고 볼 수 있다.

군사적 투명성에 대한 중국의 태도를 평가할 수 있는 예로 중국의 국방백서를 들 수 있다. 군사적 투명성을 제고하기 위해서는 국방정책 및 군사능력을 문

---

19 중국인민해방군은 ARF를 통한 협력적 안보구상에 대해서는 상당히 긍정적인 평가를 하고 있다. 그 이유는 ARF와 같은 지역안보협력체가 아시아에서 미국의 패권추구를 견제할 수 있다고 판단하기 때문이다 (Shambaugh 1999/2000, 74-75).

서화한 국방백서의 발간이 필수적인데, ARF는 초기부터 중국의 국방백서 발간에 상당한 노력을 기울여 왔다. 중국은 1995년부터 국방백서를 발간하고 있다. 일정한 기간을 두고 정기적으로 발간하는 것이 아니라 상황에 따라 임의로 발간하여 1998년, 2000년, 2002년, 2004년, 2006년까지 여섯 번에 걸쳐 국방백서를 발간해 왔다.[20] 그러나 국제적 규범에 다가가는 중국의 변화를 환영하는 주변국의 반응과 달리, 중국의 국방백서는 군사적 투명성을 통한 주변국과의 신뢰구축을 목적으로 만들어진 것이 아니라 오히려 자국의 국방에 대한 비밀주의를 더 심화하는 수단으로 이용되고 있다.

　일반적으로 국방백서는 군사력이나 무기체계, 군사계통 등의 내용을 포괄해야 하나 중국의 국방백서는 군사적 능력에 대한 설명이나 정보의 공개보다는 중국의 세계관 및 대미관 등에 초점이 맞춰져 있다. 예를 들어 2002년 국방백서를 살펴보면 전문과 전 7장으로 구성되어 있는데,[21] 군사문제에 대한 내용보다는 중국의 대외관계, 특히 강대국과의 관계와 중국의 국방을 선전하는 내용이 주류를 이루고 있다. 구체적으로 2002년 국방백서에서 안보상황, 국제안보협력, 군비통제와 군축 부분은 중국의 군사력에 대한 핵심적인 설명보다는 대외관계를 장황하게 설명하고 있다. 또 국방정책 부분은 국방의 목표와 임무에 대한 선전적인 내용으로 일관하고, 무장능력에 대해서도 중국인민해방군,

---

20 1995년, 1998년, 2000년 국방백서 영문판은 중화인민공화국 외교부 사이트(www.fmprc.gov.cn/eng/c13642.html) 참조. 2000년판은 "China's National Defense in 2000", 1998년판은 "China's National Defense", 1995년판은 "China : Arms Control and Disarmament"로 제목이 기재되어 있다. 2002년 국방백서는『인민일보』영문판(english.peoplesdaily.com.cn/features/ndpaper2002/nd/html) 참조. 2002년 국방백서 중문판은『인민일보』웹사이트(www.people.com.cn/GB/shizheng/16/20021209/884483.html) 참조. 2000년 중문판은 www.com.cn, 2000.10.16 참조. 1998년 중문판은『인민일보』웹사이트(www.people.com.cn/GB/channel1/10/20000910/226269.html) 참조.
21 전 7장의 내용은 각각 안보상황, 국방정책, 무장능력, 국방건설, 군대건설, 국제안보협력, 그리고 군비통제와 군축이다.

무장경찰, 민병 등의 역사에 대하여 기술하고 있다. 국방건설 부분에서도 국방법제, 국방동원, 국방교육, 과학기술공업, 변방방어 등의 내용에 치중하고 있다. 국방비에 관해서는 중국의 국방비 지출증가가 2001년에 19%, 2002년에 18%의 증가율을 보였음에도 액수 면에서 다른 강대국의 수준에 못 미친다는 것을 강조하고 있다. 군대건설 부분에서는 군사훈련, 간부양성, 정치공작, 무기장비에 대하여 기술하고 있으나 핵심은 빠진 채 목표, 임무, 역사 등만을 언급하고 있다.

이러한 국방백서를 볼 때 중국은 형식적으로만 군사적 투명성을 추구할 뿐 실질적으로는 어떠한 정보도 유출시키지 않겠다는 의도라고 볼 수 있다. 따라서 중국은 ARF의 의도와는 달리 대화를 통한 군사적 투명성을 왜곡된 방향으로 끌어 가며, 신뢰구축을 위하여 ARF가 추구하는 공동군사연습 및 기타 협력관계로의 단계적 발전을 어렵게 만들고 있다.

이와 같이 중국은 자국의 영향력을 이용하여 ARF의 구속을 회피하고 오히려 안보적 국가이익만을 도모하고 있다. 이는 중국이 수용적 태도보다는 전략적 태도를 중심으로 ARF에 접근하고 있음을 나타내는 것이다. 특히 중국은 ARF 체제 내에서 대만문제에 대한 국제적 논의를 근본적으로 차단하고 있으며, 난사군도 문제에서도 ARF의 의제화에 표면적으로만 동의했을 뿐 실질적인 논의의 진전에는 협조하지 않고 있다. 또한 군사적 투명성의 문제에서도 국방백서를 출간하여 주변국들의 요구에 부응하는 듯 보이지만, 그 내용을 살펴보면 주변국의 안보 불안감을 해소하기 위하여 군사정보를 공개하기보다는 오히려 자국의 군사적 능력을 감추려는 의도가 강하다고 볼 수 있다.

4. 결론

　국제정치의 제도주의자들은 중국의 변화를 전제로 설립된 ARF에 중국이 지속적으로 참여하여 활동하는 것을 중국의 수용적 변화로 간주하고, ARF를 통한 중국의 구속을 긍정적인 측면에서 파악하였다. ARF를 통한 중국의 구속이란 중국이 ARF에 참여하는 과정에서 자국의 안보적 국가이익을 제한하거나 적어도 국가이익을 타협하는 것을 뜻한다. 그러나 ARF에 참여하여 활동하는 과정에서 나타난 중국의 외교행태를 분석해 보면, 중국은 제도주의자들의 의도에 따라 자국의 안보이익을 제한하거나 타협하기보다는 오히려 ARF 내에서 활동을 강화해 가면서 자국의 안보이익을 도모하는 태도를 보여 왔다. 이처럼 ARF가 중국을 구속하지 못하는 주요 원인은 ARF가 수용하고 있는 아세안적 방식과 ARF에 대한 중국의 태도에서 찾아볼 수 있다.

　ARF는 제도주의자들이 전제하고 있는 집단안보체제와는 달리 국가의 외교행태를 통제할 수 있는 구속력이 구조적으로 제한되어 있는데, 가장 큰 원인은 ARF가 도입한 아세안적 방식에 있다. 아세안적 방식은 ARF 회원국들의 주권보호와 만족도 제고에 상당한 비중을 두고 주권 중심의 규범, 합의 중심의 정책결정, 반제도화를 강조하면서 다양한 배경을 가진 아시아태평양 국가들의 의견을 조율해 가고 있다. 특히 아세안적 방식은 국가에 대한 ARF의 간섭을 제도적으로 규제하고 ARF의 규범과 규율에 순응하게 하는 제재수단을 근본적으로 차단하기 때문에 아세안적 방식을 채택한 ARF는 중국을 구속하는 데 구조적으로 한계를 가질 수밖에 없다.

　중국은 자국의 영향력을 이용하여 ARF에서 자국의 안보이익을 강화할 수 있는 기반을 조성하고 있다. 중국은 전통적으로 대만문제를 국내문제로 간주하고 있으며, ARF가 대만문제를 의제화하는 것을 근본적으로 차단하고 있다. 남중국해 영토분쟁에서도 중국은 표면적으로는 어느 정도 타협하는 태도를 보여

줌으로써 자국의 이미지를 제고하지만, 실질적으로는 비타협적인 태도로 일관하고 있다. 또한 아시아태평양 지역의 신뢰구축을 도모하기 위한 군사적 투명성 문제에서도 국방백서를 출간하여 투명성 제고에 적극 참여하는 것처럼 보이지만, 실제로 중국의 국방백서는 군사적 투명성 및 신뢰구축에 도움이 되는 내용보다는 외교정책의 정당성을 강조하거나 미국 및 강대국에 대한 비판으로 일관하고 있다.

이와 같이 ARF에 대한 중국의 태도를 살펴보면, 중국의 ARF 참여는 대외행태의 주요한 변화이긴 하지만 이것은 제도주의자들이 말하는 수용적 변화라기보다는 현실적 상황에 따른 전략적 변화에 가깝다. 따라서 중국에 대한 ARF의 구속은 장기적인 시각에서 보더라도 그 성공 여부가 불투명하다고 할 수 있다. 사실 지구상의 어느 국가도 외부의 압력에 의해 자국의 국가이익이 변화하는 데 동의하지 않는다. 특히 중국과 같이 역사적·문화적 지속성과 정치적·경제적 불안정성을 가진 국가에 대한 체제순응 작업은 더욱 어려운 과제라고 할 수 있다. 이런 점에서 볼 때 다자간 국제체제를 중심으로 중국의 경제성장 유지와 군사위협 조절이라는 상반된 목표를 동시에 추구하는 대중국 포용정책은 그 취지의 적실성과는 관계없이 성공 가능성이 희박한 정책이라고 평가할 수 있다.

제4장

책임대국론의 중국적 논의 :
서구와 중국의 인식 차이를 중심으로

1. 서론

　중국의 부상은 21세기에도 계속되고 있다. 중국은 최근 부상하는 단계에서 한 걸음 더 나아가 지난 20여 년간의 고속성장에 안정성과 지속성을 더하여 발전을 거듭하고 있으며, 국제사회에서 비중이 커지고 있는 자국의 외교적·군사적 역량을 발판으로 강대국화를 도모하고 있다. 특히 중국은 강대국화 과정에서 과거 중국위협론자들이 우려했던 폭력성을 드러내거나 패권을 추구하기보다는 국제체제에 순응하고 체제 내에서 자국의 위상을 제고하고자 노력한다. 이러한 태도변화는 중국에 대한 국제사회의 인식을 바꿔 가고 있다. 그러나 중국의 변화에도 불구하고 국제사회에서는 중국의 강대국화에 대하여 아직까지 상반된 평가를 내리고 있다. 최근 미국을 비롯한 서구 선진국들은 중국의 지속적인 국력신장을 중국위협론과 동일시하는 태도에서 점차 벗어나고 있지만, 아직까지 중국을 성숙한 강대국으로 인정하는 데는 유보적인 태도를 보이고 있다.[1] 반면에 중국 정부는 자국의 강대국화가 국제사회의 발전에 긍정적인 역할

---

1 중국에 대한 서구의 인식 변화는 존스턴의 연구가 점차 변화하고 있다는 점에서 추론해 볼 수 있다. 중국의

을 한다는 점을 강조하며 경제·외교 방면에서의 영향력을 확대해 가고 있다.

국제사회가 중국의 강대국화를 상반된 시각에서 파악하는 근본적인 이유는 중국과 서구사회가 중국의 부상을 책임대국론과 연결 지어 논의하면서 서로 다른 주장을 하고 있기 때문이다.[2] 책임대국론이란 강대국으로 부상하고 있는 중국이 강대국으로서 책임의식을 가지고 그에 걸맞은 행동을 하고 있는지를 분석하는 작업으로, 서구에서는 중국이 경제적·외교적·군사적 부상에도 불구하고 아직까지 그에 상응하는 책임의식을 갖추지 못했다고 평가한다. 반면에 중국은 자국이 국제사회에서 충분한 책임감을 가지고 대외관계를 이끌어 가고 있으며, 이러한 태도가 국제사회의 발전에 상당히 기여하고 있다고 주장한다.[3] 서구사회와 중국이 이처럼 상반된 주장을 하는 이유는 책임대국에 대한 인식과 접근법이 상이하기 때문이다. 서구사회와 중국은 강대국으로서의 책임에 대한 개념을 서로 다른 각도에서 설정하고 있으며, 중국이 책임대국이 되어야 하는 이유에 대해서도 상당한 시각차를 보이고 있다. 또 국제사회에서 중국이 책임대국으로서 적절한 행동을 하고 있는가에 대한 평가에서도 상당한 이견을 보이고 있다.

따라서 이 글에서는 중국의 책임대국론에 대한 서구사회와 중국의 시각을

대외관계 연구의 최고 권위자로 인정받는 그는 1995년 연구에서 중국의 현실주의적 전략문화를 분석하여 중국위협론의 논리적 근거를 제시하였다. 그러나 1999년에는 국제체제에 대한 중국의 협력적 태도를 인정하고 대중국 포용정책을 주장하다가, 최근에는 한 걸음 더 나아가 중국이 현상유지국가인지에 대해 검증을 시도하고 있다. 그의 최근 연구가 아직까지 중국을 현상유지국가라고 결론 내리지는 않지만 중국에 대한 그의 평가는 초기와는 상당한 차이를 보이고 있다(Johnston 1995 ; Johnston and Ross 1999 ; Johnston 2003, 5-56).

2 중국의 책임대국론에 대한 포괄적인 연구는 Zhang and Austin(2001) 참조.

3 책임대국론에 대한 서구의 입장은 Deng(2001, 343-365), Samuel S. Kim(2003b, 25-75), Johnston(2003, 5-56) 참조. 반대로 책임대국론에 대한 중국의 입장은 Tang and Gries(2002), 唐世平(2003, 14-18 ; 2001, 29-37), 王逸舟(2000, 8-10), 葉自成(2000, 5-10) 참조. 중국에서는 최근 이와 관련하여 화평굴기(和平崛起)에 대한 논의가 시작되고 있다. 화평굴기에 대해서는 徐堅(2004, 1-8, 70), 王義桅(2004), 鄭必堅(2004), 龐中英(2004) 참조.

정리하고, 이에 대한 서로의 구조적 인식차이를 분석해 보고자 한다. 좀 더 선명한 분석을 위해서 이 글에서는 서구에서의 논의와 중국에서의 논의를 구분하여 책임대국론의 등장배경 차이, 책임에 대한 중국과 서구의 개념 차이, 그리고 중국의 책임대국화 가능성에 초점을 맞추어 논의를 전개한다.

2. 책임대국에 대한 서구의 논의

서구에서 중국의 책임대국에 대한 논의는 중국위협론에 대한 재평가와 함께 시작되었다. 중국위협론은 중국의 부상을 강대국의 패권추구 및 폭력성과의 관계를 중심으로 분석하면서 국제체제에 대한 중국의 도전에 연구의 초점을 맞추었다.[4] 그러나 국제사회에서 중국은 자국의 국력신장과 더불어 협력적이고 평화지향적인 태도를 보여 왔는데, 이와 같은 이론과 현실 간의 차이는 중국위협론의 적실성에 근본적인 문제점을 제기하게 되었다. 중국은 1990년대 중반부터 경제·안보·환경 등 다양한 분야의 국제체제에 가입하고 있다. 중국은 국제체제와의 지속적인 교류를 통하여 국제사회로의 편입을 가속화하고 강대국으로서 이미지를 제고하기 위해 노력하고 있다.[5] 이러한 중국의 태도변화로 국제사회에서는 중국의 부상을 강대국으로서의 책임이라는 주제와 연결 지어 논의하게 되었으며, 강대국으로 변모해 가는 중국에 책임감을 부여하여 국제사회의

---

4 중국위협론에 대한 대표적인 저술은 Yee and Storey(2002), Roy(1996, 758-771), Bernstein and Munro(1998), Gertz(2000), Mosher(2000) 참조.
5 국제체제에 대한 중국의 태도변화와 국제사회의 대응에 대해서는 Economy and Oksenberg(1999), Johnston and Ross(1999), Lampton(2001a), Medeiros and Fravel(2003, 22-35) 참조.

평화와 발전에 기여하는 책임대국으로 변화시키려고 노력하였다.

　　좀 더 구체적으로 살펴보면, 서구에서는 국제사회에서 책임감을 가지고 행동하는 강대국만이 강대국으로서 대접을 받을 수 있다는 전제를 바탕으로(Deng 2001, 359-360), 한 국가의 국력신장은 그에 상응하는 책임을 수반하며, 국제사회의 강대국으로서 부여되는 특권이나 지위를 향유하기도 하지만, 동시에 국제체제를 유지, 보호해야 하는 의무와 책임을 다해야 한다는 논리를 강조한다(Zhang and Austin 2001, 4). 여기서 강대국으로서의 책임이란 세계질서의 유지와 발전에 공헌해야 한다는 의무를 규정한 기본 원칙으로서 서구에서는 3단계 발전을 거쳐 책임대국이 성립될 수 있다고 인식한다. 책임대국이 되기 위한 3단계 발전이란, 제1단계 국제법을 준수하고 외교적 타협을 통한 국제문제의 해결, 제2단계 다자간 국제체제 활동을 통해 국제사회에 기여, 제3단계 문명발전의 새로운 기준으로서 인권과 민주적 통치의 존중으로 구분할 수 있다. 이를 보면 서구에서는 책임대국을 민주적이고 평화지향적인 국가와 동일시하고 있음을 알 수 있다(Foot 1998, 21-47).

　　중국은 현재 책임대국의 제2단계 발전과정에서 다양한 종류의 다자간 국제체제에 가입하여 적극적으로 활동함으로써 국제사회의 책임 있는 일원으로서 세계질서의 유지와 발전에 노력하고 있다. 중국은 국제군축체제, 국제인권체제, 국제무역 및 투자체제, 국제금융체제, 국제정보통신체제, 국제환경체제 등 범세계적 국제체제뿐 아니라 ARF, CSCAP, APEC과 같은 다자간 지역체제에도 적극적으로 참여하고 있다.[6] 또한 중국은 책임대국으로서 동북아 지역문제에 적

6 중국이 가입한 국제체제를 나열해 보면, 군축체제로 NPT와 CTBT, 인권체제로 유엔인권위원회, 무역 및 투자기구로 WTO, 금융체제로 IMF, 정보통신체제로 국제전기통신연합(International Telecommunication Union, ITU), 환경체제로 오존층 파괴물질에 관한 몬트리올 의정서를 들 수 있다(Economy and Oksenberg 1999 ; Lampton 2001a ; Johnston and Evans 1999, 235-272) 참조.

극적으로 개입하여 지역의 공동번영과 안보증진에 공헌하고 있다. 그 예로 중국은 1998년 아시아 경제위기로 동아시아의 많은 국가들이 금융위기에 봉착했을 때, 자국의 통화인 위안화의 평가절하를 유보함으로써 주변국의 경제회생에 크게 기여하였다. 또한 최근 동북아 지역 최대의 안보위기로 인식되고 있는 북한의 핵문제에 직면해서도 근본적인 문제해결을 위해 보다 적극적이고 균형 잡힌 외교적 접근을 시도하고 있다(Samuel S. Kim and Tai Hwan Lee 2002, 110).

그러나 서구의 시각에서 볼 때, 중국이 진정한 의미에서의 책임대국이 되기 위해서는 책임대국의 제3단계 역할을 수행해야 한다. 이는 서구사회가 설정한 책임대국 개념의 배경을 구성하고 있는 다자주의적 접근을 수용해야 한다는 것이다. 다자주의적 접근은 국제체제의 구속력을 강화하여 국가가 국제체제의 규범 및 원칙을 어겼을 경우 강제력을 동원해 통제할 수 있다는 것이 주요 골자이다(Ruggie 1993). 따라서 중국이 다자주의적 접근을 수용한다는 것은 국제체제에 참여하여 활동을 확대해 가는 과정에서 국제체제가 규정한 규범과 원칙을 준수하고, 이 과정에서 어느 정도의 주권 간섭을 인정해야 한다는 데 동의한다는 것을 뜻한다(Johnston and Evans 1999, 235-237).

서구에서는 다자주의에 의한 중국의 대외행태 변화를 두 가지 방향에서 설정하고 있는데, 제도주의적 접근을 통한 중국의 구속(enmeshment 또는 tie down)과 구성주의적 접근을 통한 중국의 사회화로 구별할 수 있다.7

첫째, 제도주의적 접근을 중국에 적용시켜 보면, 국제사회는 중국이 가능한 한 많은 국제체제에 가입하고 그와 상호작용하는 과정에서 대외적 행태를 조절해 나가는 것을 책임대국의 조건으로 제시한다. 기본적으로 중국은 국제사회에서 자국의 이미지 제고라는 사회적 이익을 추구하기 위하여 국제체제에 가입하

----

7 제도주의에 대한 자세한 설명은 67쪽 참조.

고 있으며, 일단 국제체제에 가입하면 탈퇴에 따르는 사회적 비용이 너무 크기 때문에 지속적으로 참여하는 경향을 보이고 있다.[8] 따라서 서구의 입장에서는 중국이 국제체제에 참여하면서 그 체제가 추구하는 규범이나 가치에 맞추어 자국의 이익을 타협하거나 유보하는 제도주의적 구속을 따르게 된다고 주장한다(Johnston and Evans 1999, 235-272 ; 한석희 2002a, 373-391). 예를 들어 중국의 국가이익과 중국이 참여하는 국제체제의 규범이나 가치가 충돌할 경우, 중국은 국제체제의 규범 또는 가치에 반하지 않는 범위 내에서 자국의 이익을 추구하거나 유보하는 태도를 보이게 되는데, 서구에서는 이러한 태도를 책임대국의 조건으로 제시하고 있다.

둘째, 서구에서는 구성주의적 접근을 수용하여 중국이 진정한 의미의 책임국이 되기 위해서는 좀 더 근본적인 차원에서 국가이익 내지는 세계관을 변화시켜야 한다는 점을 주장한다. 즉 중국이 국제체제에 참여하여 지속적으로 상호작용(사회화)하며 국제체제가 추구하는 규범이나 가치 및 원칙을 받아들이고 그에 맞추어 국가이익과 세계관을 바꿔 갈 때, 비로소 진정한 의미의 책임국가가 될 수 있다는 것이다.[9] 사회화 과정에서 가장 중요한 개념은 학습이다. 서구에서는 중국이 궁극적으로 국제체제의 규범 및 가치를 수용하는 것이 자국의 발전에 유리하다는 것을 인지하는 과정을 학습으로 본다. 따라서 중국이 학습을 통한 사회화 과정에 따라 근본적인 변화를 꾀하고 국제체제에 보다 적극적으로 협력할 때 비로소 책임국가가 될 수 있다고 주장한다.[10]

---

8 중국은 특히 군축체제의 참여에서 이러한 경향을 보이고 있다(Gill 2001b, 257-288; Swaine and Johnston 1999, 90-135).

9 사회화란 국제정치의 구성주의자들의 주요 주제로서, 여기서는 국제체제와 국가의 상호과정에서 국가는 국제체제의 규범과 원칙을 준수하는 것이 자국의 이익에 부합한다는 점을 인식하고 이를 받아들여 자국의 이익을 국제체제의 규범과 원칙에 맞게 조정해 나가는 것을 말한다. 또한 구성주의자들은 현실주의자들의 주장과는 달리 국가이익이나 세계관은 가변적이며, 외부와 상호작용하여 재구성될 수 있다고 주장한다. 구성주의에 대해서는 Wendt(1999), Jepperson, Wendt, and Katzenstein(1996, 33-75) 참조.

　　이와 같이 서구에서는 중국의 부상을 국제사회의 책임이라는 주제와 연결하여, 중국이 국제사회에서 진정한 강대국으로 존중받기 위해서는 책임 있는 자세를 보여야 한다고 강조한다. 그러나 서구에서는 중국이 책임대국으로 발전하기 위한 전제조건으로 근본적인 변화, 즉 제도주의적 변화와 구성주의적 변화를 요구한다. 따라서 서구에서 제기하는 책임대국론은 서구의 기준에 따라 중국을 변화시키는 것을 목표로 한다고 볼 수 있다.

3. 책임대국에 대한 중국의 논의

　　책임대국에 대한 중국의 논의는 중국의 부상에 대한 기존의 평가를 반박하면서 시작되었다. 특히 중국위협론이 중국의 부상에 대한 가장 보편적인 평가로 세계에 인식되면서, 중국은 국제사회에서 존중받는 강대국으로서의 이미지 제고에 상당한 타격을 받게 되었다.[11] 중국위협론자들은 국제정치의 현실주의에 입각하여 중국의 패권추구 의지(soft arguments)와 패권추구 능력(hard arguments)이라는 두 개의 영역에서 중국위협론의 적실성을 주장하였다(Roy 1996, 758-771). 이들은 패권추구 능력이라는 면에서 중국의 국방예산과 군사현대화 작업을 주로 검토한 결과, 실질적인 국방예산은 중국 정부의 공식적인 국방예산을 훨씬 초과하는 1,000억 달러 이상이고 국방현대화 작업도 자국의 안보증진보다는 군사적 팽창에 초점을 맞추고 있다고 주장하였다.[12] 또한 패권추구 의지에 대해서

---

10 학습에 대한 이론적 연구는 Levy(1994, 279-312) 참조. 학습의 중국 상황 적용은 Johnston(1996, 27-61) 참조.

11 중국위협론에 대한 중국의 반박은 陸鋼·郭學堂(2004), 李小華(1999, 19-24) 참조.

도 중국은 전통적으로 폭력지향적 전략문화를 유지하고 있고, 역사적으로 강대
국의 출현에서 보았듯이 중국은 부상하는 과정에서 필연적으로 패권전쟁을 일
으킬 가능성이 높으며, 민주화의 조류 속에서 반민주적 권위주의 정치체제를
고집하고 있다는 면에서 중국위협론의 적실성을 주장하였다.13

　　중국은 이와 같은 중국위협론의 팽배로 국력이 신장되었음에도 불구하고
무책임한 강대국 내지는 불량국가(rogue state)로 오인되는 경우가 많았다. 따라
서 중국은 자국의 이미지 제고를 위하여 국제사회에서 좀 더 협력적이고 평화
지향적인 태도를 견지하려고 노력해 왔다(Zhang and Austin 2001, 4). 그 예로 중
국은 책임대국으로서 1990년대 초반부터 저자세 외교를 펼쳐 왔다. 도광양회
(韜光養晦)와 영불위두(永不爲頭)로 대표되는 중국의 저자세 외교는 1990~92년
에 덩샤오핑(鄧小平)이 각종 연설에서 주장했던 중국의 외교 전략으로서 이를
통해 국제사회에서 중국위협론을 회피하려고 노력하였다.14 그러나 이처럼 소
극적이고 방어적인 자세는 중국에 대한 국제사회의 인식을 바꾸기에는 역부족
이었다. 따라서 중국은 자국을 책임대국으로 규정하면서 국가이익을 좀 더 건
설적으로 확보하려는 노력을 시도하게 되었다(Deng 2001, 360).

　　중국의 학자들은 국제정치 이론을 분석하여 중국위협론을 체계적으로 반박

---

12 중국의 국방예산에 대해서는 1장 16-17 참조.

13 중국위협론에 대한 심도 있는 연구는 Yee and Storey(2002) 참조. 중국의 현실주의적 전략문화에 대해서
는 Johnston(1995) 참조. 현실주의적 입장에서 강대국의 출현과 함께 나타나는 안보위험성과 이에 따른 대응
을 체계적으로 분석한 연구는 Schweller(1999, 1-31) 참조. 민주주의 수렴론에 대해서는 Fukuyama(1992)
참조. 민주주의 평화론에 대해서는 Doyle(1996, 1151-1169) 참조.

14 '도광양회'는 재능을 감추고 드러내지 않는다는 뜻으로, 중국의 대외관계에서 다양한 의미로 해석될 수
있지만 여기서는 저자세 외교를 고수하는 뜻으로 해석하였다. '영불위두' 역시 중국의 저자세 외교를 지칭하
는 말로, 영원히 선두를 탐하지 않는다는 뜻이다(Deng Xiaoping(1981). 서구의 학자들 중에는 도광양회를
와신상담(臥薪嘗膽)과 혼동하여 중국이 실력을 충분히 배양한 후 세계패권을 노릴 것이라고 주장하는 경우
도 있으나 이는 잘못된 해석이다. 도광양회에 대해서는 葉自成(2003, 126-128), Tang and Gries(2002, 6)
참조. 특히 각주 23 참조.

하고, 책임대국론의 적실성을 강조하고 있다. 중국사회과학원 아태연구소의 탕스핑(唐世平)은, 중국의 현실주의적 성향을 분석하여 중국이 국제질서의 도전세력이 아니라 세계질서 수호세력이라는 점을 강조한다. 그는 중국위협론의 근거로 제시되는 중국의 현실주의적 성향을 인정하면서도, 공세적 현실주의와 방어적 현실주의로 구분하여 중국위협론을 반박한다(Tang and Gries 2002, 1-5). 즉 중국위협론자들이 중국의 세계질서 도전 가능성을 지적하는 것은 중국의 현실주의를 공세적 현실주의로 파악하기 때문이다. 사실 중국의 현실주의는 이들의 시각과는 달리 방어적 현실주의에 근거를 두고 있다고 주장한다.[15]

탕스핑은 공세적 현실주의와 방어적 현실주의의 구분을 안보 딜레마에 대한 인식에서 찾는다. 즉 공세적 현실주의는 국가의 안보증진은 국력의 신장과 동맹관계의 구축에 의해서만 이루어질 수 있다고 인식하며 안보 딜레마에 대해서는 고려하지 않는다(Gilpin 1981, Mearsheimer 1990, 5-56). 반면, 방어적 현실주의는 안보 딜레마의 존재를 인정하면서 그것이 안보불안의 주요 원인 중 하나로 작용한다고 믿고 있다. 따라서 방어적 현실주의자들은 국력의 신장과 동맹관계의 구축이 국가안보를 증진시키는 주요 요소라고 인정하면서, 국가 간의 안보협력도 안보증진을 도모하는 또 하나의 요소라고 주장한다(Jervis 1978, 189-214 ; Glaser 1994/1995, 50-90).[16] 이와 같은 논리의 연장선상에서, 탕스핑은 중국위협론자들이 공세적 현실주의에 기초하여 중국을 부정적으로 파악하고 있으나, 실질적으로 중국은 방어적 현실주의에 근거를 두고 있기 때문에 오히려 대외적인 안보협력을 통하여 중국의 안보를 증진시키는 이론적 기초가 되고 있다고 주장한다(Tang and Gries 2002, 1-5).[17]

---

15 중국의 대외관계에서 현실주의적 시각이 주도적인 역할을 하고 있다는 연구는 Deng(1999, 47-72) 참조.
16 방어적 현실주의자들은 국가 간의 안보협력이 안보 딜레마를 완화시키기 때문에 안보를 증진시키는 주요한 요소가 될 수 있다고 주장한다.

탕스핑은 또한 국제정치의 주요 이론을 공세적 현실주의, 방어적 현실주의, 그리고 신자유주의로 규정하면서 신자유주의에 대한 설명을 덧붙이고 있다. 즉 신자유주의자들은 국가의 안보는 국가 간의 안보협력에 의해서뿐만 아니라, 안보체제에 의해서도 보장될 수 있다고 주장한다. 신자유주의의 핵심 주제는 국가에 대한 국제체제의 역할이다. 국제체제는 범세계적인 규범과 원칙에 근거하여 국제사회에서 국가의 활동을 규제하고 조율하며, 국가 간의 정보교환을 증진시키고, 상호간의 활동을 감시하며, 국제체제의 규범과 원칙을 어기는 국가에 대해 다자간 또는 일방적 제재를 가하는 것이 주요 임무이다(Keohane 1984, Axelrod and Keohane 1985, 226-254). 따라서 신자유주의자들은 국제체제에 의한 국가의 관리를 강조하며 국제체제의 관리를 통한 국가안보의 보장을 주장한다. 이러한 이론적 논의를 검토한 후 탕스핑은 안보적 현실주의에 근거를 두고 중국의 책임국가론을 신자유주의적 성향을 가미한 형태로 규정하고 있다(Tang and Gries 2002, 1-5 ; 唐世平 2003, 14-18).

중국은 현재 자국이 이미 국제사회에서 책임을 다하는 강대국이라고 주장하며, 이를 뒷받침하는 책임 또는 책임대국에 대한 개념을 나름대로 수립해 가고 있다. 중국에서 책임이란 말은 임무와 부담이라는 두 가지 개념이 합쳐져서 법률적 측면보다는 도덕적 측면에서 의무라는 개념으로 규정되고 있다(Chan, 2001). 도덕적 측면에서 책임이란 신세 또는 빚과 맥을 같이하는데, 중국은 이러한 책임 개념을 근대역사에 대입시켜 구체화하고 있다. 즉 중국의 입장에서는 근대역사에서 서구 중심의 국제사회에 어떠한 책임(신세 또는 빚)도 가지고 있지 않은 반면, 서구는 중국에 대하여 어느 정도 책임을 져야 한다는 점을 강조한다. 중국은 역사적 책임 또는 의무를 좀 더 포괄적으로 해석하여 자국의 이익을 확

---

17 중국이 국제사회에서 안보협력을 이루어 가야 한다는 주장은 葉自成(2000, 5-10) 참조.

보하는 차원에서 접목시키고 있다. 즉 중국은 1842년 아편전쟁 이후 100년간에 걸친 서구에 의한 침탈과 오욕을 거론하면서 서구는 과거의 행위에 대하여 중국에게 책임감을 가져야 하며, 그 연장선상에서 중국의 내부문제에 간섭하지 말아야 한다는 점을 강조한다(Chan 2001).

역사적 책임과 관련하여 중국은 국제사회의 강대국으로서 국제사회의 규범 및 기준의 형성에 참여하는 것을 강조한다. 중국은 근대 이후 현재까지 국제사회의 규범 및 기준의 형성에 참여한 적이 없고, 따라서 국제적 규범 및 기준이 중국에게 항상 불리하게 적용되어 왔다는 점을 강조한다. 아울러 국제적인 규범 및 기준의 형성에 참여하는 것을 책임대국의 조건으로 제시한다.[18] 중국은 국내문제 해결을 강대국의 권리와 책임에 포함시키고 있다. 예를 들어 무력을 사용해서라도 대만을 통일시켜야 한다는 것과, 필요하다면 정치적 폭력을 사용해서라도 대내적 안정을 유지해야 한다는 것을 국제사회의 강대국으로서 중국이 행사해야 할 권리와 책임으로 인식하고 있다(Deng 2001, 360). 이와 같은 논리를 살펴보면 중국은 중국위협론을 반박하고, 자국이 국제사회의 평화와 발전에 기여하고 있다는 점을 부각시키며, 국가이익을 증진시키는 수단으로 책임대국의 논리를 주장한다고 볼 수 있다.

---

18 중국의 근대역사에서 비롯된 국제사회에 대한 불신은 중국이 국제체제에 대하여 불신하게 된 원인으로 작용했으며, 중국 민족주의의 형성에 직접적인 배경으로도 작용하였다(Wang Jianwei 1999, 83 ; Yahuda 1997, 6-26). 시아리핑(Xia Liping)은 중국이 제시하고 있는 책임대국의 조건을 다음 세 가지로 정리한다. 지역 및 세계적 차원에서 평화와 안정, 그리고 번영에 기여해야 하고, 국제사회에서의 의무를 진지하게 받아들여야 하며, 국제적인 기준 및 규칙의 형성에 참여해야 한다(Xia 2001, 17-25).

4. 중국의 책임대국화 가능성

중국이 강대국으로서 져야 할 책임을 인식하고 있다는 것은 대외관계의 상당한 진전이며, 이러한 책임의식에 따라 국제사회에 대한 참여와 활동을 늘려가고 있다는 점은 상당히 긍정적인 변화라고 할 수 있다. 그러나 서구와 중국은 책임에 대한 개념 및 책임대국에 대한 조건에서 상당한 괴리를 보이고 있다. 이러한 인식상의 불일치로 서구사회에서는 중국이 책임대국론을 주장하는 이유에 대해 근본적인 의문을 제기하게 되었고, 중국을 책임대국으로 인정하기보다는 서구의 기준을 적용하여 중국이 책임대국으로 전환하도록 압력을 가하게 되었다(Gill 2001a, 27-32). 중국이 책임대국인가 하는 문제에 대해서는 당사자의 주장보다는 국제사회, 특히 미국을 중심으로 한 서구사회가 수용 또는 인정해야만 평가받을 수 있다. 이 점을 고려할 때 중국이 책임대국으로 인정받기 위해서는 서구의 기준을 충족시키는 방향으로 대외적 행태를 변화시켜야 한다. 따라서 여기서는 중국의 책임대국화 가능성을 서구의 기준, 즉 제도주의와 구성주의를 중심으로 분석해 보고자 한다.

서구에서는 중국이 제도주의적 구속과 구성주의적 사회화를 통하여 근본적인 변화를 이뤄야만 비로소 책임대국이 될 수 있다고 본다. 따라서 중국의 책임대국화 가능성은 국제체제와의 상호관계 속에서 중국이 제도주의적 구속과 구성주의적 사회화를 수용하고 있는지를 검증해서 평가할 수 있다. 그러나 현재까지 국제사회에서 중국의 태도를 살펴보면, 중국은 서구의 기준에 적합한 책임대국으로 전환하려는 의지나 태도를 보여주지 않고 있다. 우선 제도주의를 적용하여 중국을 구속하는 데 핵심이 되는 문제는 국제체제가 주권을 간섭할 수 있다는 것이다. 제도주의는 국제사회의 평화와 발전을 위해서 각국이 주권을 어느 정도 타협해야 한다는 점을 강조하고 있다. 그러나 중국은 웨스트팔리안식 주권 개념을 유지하면서, 주권은 어떤 가치와도 비교할 수 없는 최상의 가

치이며 절대로 타협할 수 없는 규범이자 원칙으로 이해하고 있다.[19]

중국이 주권보호를 위하여 강경한 태도를 취하게 된 원인은 근대역사에서 비롯된다. 근대사에서 외세의 침략을 경험한 중국은 서구의 간섭으로부터 나라를 보호해야 한다는 강한 의무감을 가지게 되었고, 따라서 주권보호에 대한 강렬한 의지를 고취시켜 왔다. 또한 티베트, 신장(新疆), 대만 등의 영토보전에 고심하고 있는 중국은 이들 지역의 독립 또는 분리 시도에 상당히 민감하게 반응하며, 특히 이 문제에 대한 다른 나라의 간섭을 경계하고 있다.[20] 따라서 중국은 인권문제나 대량살상무기 확산금지와 같은 국제적 규범 및 가치를 함양하기 위하여 국내문제에 대한 간섭을 허용하는 신간섭주의에 상당한 반감을 나타내고 있다(徐學銀·朱憲 1999, 19-22). 또한 중국은 인도주의라는 전 세계적 공공선을 유지하고 대량살상무기의 확산을 막기 위하여 유고슬라비아전쟁과 이라크전쟁을 치를 수밖에 없었다는 미국의 전쟁당위성 주장에 대해서도 신간섭주의라고 비판하며 강력하게 반발하였다(Deng 2001, 360).

그러나 책임대국론과 관련하여 중국은 주권문제의 딜레마에 빠져 있다. 중국은 지극히 보수적인 입장에서 주권에 대한 해석을 내리고 있지만, 진정한 책임대국으로 전환하기 위해서 국제체제에 참여하고 자국의 주권을 어느 정도 타협해야 하는 상황에 직면하고 있다. 중국은 이러한 딜레마에서 탈출하기 위한 방안으로 최대/최소원칙을 적용하고 있다.[21] 최대/최소원칙은 국가이익을 최대화하면서 그에 상응하는 규범적인 비용을 최소화하는 원칙이다. 국제관계에 적용되는 중국의 최대/최소원칙은, 중국의 권리는 최대한 확보하고 그에 따르는 책임은 최소화하는 방향에서 설정되고 있다. 즉 책임대국으로서의 이미지를 보여주기 위하여 중국은 국제체제에 참여하여 활동하면서도 거기에 부여되는 의무나 책임에 대해서는 외면하는 경향을 보이고 있다. 특히 국제체제에 참여함에 따라 중국에 부여되는 주권에 대한 타협 내지는 국내문제에 대한 간섭을 철저히 회피하고 있다.[22]

구성주의의 적용에 따른 중국의 사회화와 관련하여, 국제정치의 현실주의적 입장(공세적이든 방어적이든 간에)을 견지하고 있는 중국에게는 구성주의적 시각에서 추진되고 있는 사회화와 그에 따른 국가이익 및 세계관의 변화가 쉽지 않은 과제로 남아 있다. 중국은 국제체제에 참여하면서도 국제체제와의 관계 속에서 이루어지는 사회화 과정을 철저하게 부정하고 있다. 서구 학자들의 개념을 도입하여 중국의 학습과정을 분석해 보면, 존스턴은 학습과 적응이라는 개념으로 국제체제에 대한 중국의 태도를 측정하고 있으며, 레비(Jack S. Levy)는 인지적 학습과 전략적 학습이라는 개념을 도입하여 대외정책의 변화를 설명한다. 중국이 국제체제에 참여하면서 그 체제의 규범과 원칙이 내포하고 있는 가치를 존중하고 그에 따라 국가이익 내지는 세계관을 바꿔 가는 것을 존스턴은 학습으로, 레비는 인지적 학습으로 지칭한다. 또한 국제체제에 참여하면서도 학습과 사회화 과정을 거부하는 경우를 존스턴은 적응으로, 레비는 전략적 학습으로 규정한다(Johnston 1996, 27-61 ; Levy 1994, 279-312).

이와 같은 구분을 중국의 상황에 적용시켜 보면, 중국은 국제체제와의 상호작용 과정에서 적응 또는 전략적 학습의 양상을 뚜렷하게 보여주고 있다. 즉 자

---

22 그러나 중국은 분야에 따라 참여의 적극성에 차이를 보이고 있다. 예를 들어 자국의 발전에 보탬이 되고 주권에 대한 간섭이 적은 경제 분야의 국제체제 —IMF, WTO, 세계은행 등—에 대해서는 적극적인 자세를 보이는 반면, 주권 간섭이 불가피한 안보체제나 인권체제 등에는 최대/최소의 원칙을 적용하는 경향을 보이고 있다. 국제체제에 대한 중국의 선별적 태도에 관해서는 Economy and Dksenberg(1999, 230-253) 참조.

신들의 입장을 대변하는 한편 자국의 이익에 반하는 결정이 내려지는 것을 막기 위하여 국제체제에 참여할 뿐, 국제체제로부터 새로운 가치를 배워서 자국에 적용시키려는 시도조차 하지 않고 있다.[23] 그 원인은 중국의 국내 상황에서 기인한다. 중국사회에는 현실주의적 시각이 전국에 걸쳐 뿌리 깊게 박혀 있기 때문에 새로운 시각, 즉 자유주의적 시각이 설득력을 갖지 못한다(Deng 1999, 47-72). 현실주의적 시각이 팽배한 사회에 자유주의적 시각을 도입하기 위해서는 그 장점에 대하여 확신을 가진 영향력 있는 집단이 필요하다. 국제정치에서는 이러한 집단을 인식공유체(epistemic community)라고 지칭하는데(Haas 1992), 이는 사회화 과정의 모체와 같은 역할을 한다.

인식공유체란 특정 분야에서 전문적인 능력을 인정받고 그 분야의 정책과 관계 있는 지식에 관하여 권위 있는 의견을 개진할 수 있는 전문가들의 네트워크를 지칭한다. 이러한 전문가들은 횡국가적(transnational) 교류와 국제기구의 참여를 통해 자기 분야와 관련된 국제적 가치와 규범을 인식하고 이를 정책결정자들에게 전달하는 역할을 한다.[24] 그러나 현실주의적 시각이 사회 전체에 뿌리 깊이 박힌 중국에서 자유주의적 시각을 설득하여 인식공유체를 형성하는 것은 쉬운 일이 아니다. 또한 인식공유체가 형성된다 하더라도 중국의 대외행태가 근본적으로 변화하기 위해서는 정책결정자들의 인식이 바뀌어야 한다. 그러나 중국의 국정을 책임지고 있는 중앙의 관료집단 및 최고위층 위정자들을 설득한다는 것은 현실적으로 한계가 있다(Wang Hongying 2000, 71-91 ; Han 2002, 49-63). 따라서 구성주의적 사회화를 통한 중국의 국가이익 및 세계관의 근본적인 변화는 거의 불가능하며, 서구의 기준에 따른 책임대국이 되기 힘들다고 볼 수 있다.

---

23 중국을 사회화하는 데 한계가 있다는 주장은 Wang Hongying(2000, 71-91) 참조.
24 인식공유체 개념에 대한 자세한 설명은 이근(1998, 115-117) 참조.

5. 결론 : 중국의 책임대국론에 대한 평가

중국위협론에 대한 재평가 과정에서 등장한 책임대국론은 기존과는 차별화된 시각에서 중국의 부상을 평가하고 있다는 점에서 긍정적인 의미를 갖는다. 책임대국론은 우선 중국의 부상과 패권추구라는 기존의 틀에서 벗어나 중국의 부상과 책임의식이라는 새로운 틀을 중심으로 중국의 대외행태를 분석하는 기회를 제공하였다. 또한 중국이 대외정책을 결정하는 과정에서 대외적인 이미지를 주요한 요소로 고려한다는 것 자체도 상당한 발전이라고 볼 수 있다. 중국은 방어적 현실주의에 바탕을 두고 국제사회에 대한 협력을 증대시킴으로써 자국의 안보 및 국가이익을 도모하고 있으며, 이 과정에서 폭력성을 자제하는 한편 책임대국으로서 이미지 제고를 시도하고 있다.

그러나 대외관계를 적극적이고 지속적으로 변화시키고 책임대국으로서 역할을 다하고 있다는 주장에도 불구하고, 중국은 서구와의 인식 차이로 인하여 강대국으로서 의무와 책임을 다하고 있다는 인식을 국제사회에 심어주지는 못하고 있다. 국제사회에서 중국은 서구에서 제기하는 개념과는 다른 시각에서 책임의 개념을 설정하고 있다. 신자유주의적 시각을 바탕으로 국가에 대한 국제체제의 통제를 책임의 주요 개념으로 상정하는 서구와 달리, 중국은 국내문제 해결을 강대국으로서의 책임과 권리로 규정하고 책임대국의 논리를 국가이익 확보에 활용하고 있다. 또한 미국을 비롯한 서구사회에서 강대국의 책임이라고 인식하는 행위에 대해서는 패권주의를 확립하기 위한 시도라고 비판하고 있다.

이처럼 서구와 중국 사이에 책임대국으로서의 의무와 역할이 상이한 근본적인 원인은 주권에 대한 인식 차이에서 찾아볼 수 있다. 중국은 웨스트팔리안식 주권 개념을 최고 가치로 상정하고 주권에 대한 타협 내지는 국내문제에 대한 간섭을 철저하게 부정하고 있다. 중국의 입장에서는 국가에 대한 국제체제의 통제를 보장하는 신자유주의적 접근을 수용하기 힘든데, 이를 수용할 경우 체제유지를 보장하기 힘들다. 따라서 중국은 서구에서 규정하는 진정한 의미의 책임대국으로 발전하는 것을 거부하고, 적응 또는 전략적 학습을 이용하여 자국의 기준에 따른 책임대국을 주장하고 있다. 향후 중국의 책임대국화 과정을 전망해 보면, 대외관계 행태는 여전히 서구에서 규정하는 책임대국과 어느 정도 차이가 있는 방향으로 발전해 갈 것이며, 양자 간의 구조적 인식 차이 때문에 수렴 가능성도 희박하다고 할 수 있다. 따라서 중국은 서구의 개념을 따르지 않는 중국 특유의 책임대국으로 발전할 가능성이 높다.

제5장

중국의 신안보 개념 분석 :
다자간 안보에 대한 협력 가능성과 한계

1. 서론

국제사회에서 중국의 외교적 태도가 변하고 있다. 중국은 20여 년간 개혁·개방정책의 성공을 발판으로 국제사회에서 경제·외교·군사·문화적 영향력을 강화시켜 가고 있으며, 국력신장에 따른 자신감의 회복을 반영하여 국제체제의 유지와 발전에 협력적인 태도를 보이고 있다. 중국은 1990년대부터 다양한 분야의 다자간 국제체제에 적극적으로 가입하여 활동하고 있으며, 특히 자국의 안보에 가장 민감한 분야로서 상당 기간 가입에 유보적인 태도를 보였던 다자간 안보체제에도 참여하여 활동을 확대해 가고 있다.[1] 그 예로 중국은 1990년대 초반부터 CTBT나 NPT 같은 다자간 국제안보체제에 참여하고 있으며, 지역 차원의 안보협의체인 ARF나 CSCAP, 상하이협력기구(Shanghai Cooperation Organization, SOC)에도 참여하여 적극적으로 활동하고 있다.[2]

---

[1] 국제체제에 대한 중국의 태도변화와 국제사회의 대응을 포괄적으로 분석한 연구는 Economy and Oksenberg(1999), Johnston and Ross(1999), Lampton(2001a) 참조. 중국과 국제체제와의 관계를 중국의 시각에서 분석한 연구는 王逸舟(2003) 참조. 중국의 긍정적인 대외행태의 변화를 분석한 연구는 Medeiros and Fravel(2003, 22-35) 참조.

이러한 중국의 외교적 태도변화에 따라 서구의 중국 연구자들도 중국에 대한 평가를 달리하고 있다. 미국을 비롯한 서구사회는 맹렬한 속도로 국력을 신장시켜 가는 중국을 위협국가로 파악하던 전통적인 시각에서 점차 벗어나, 이제는 국제사회의 평화와 발전에 기여할 수 있는 동반자로 인식하는 경향을 보이고 있다.3 특히 안보 분야에서 이들은 국제질서에 대한 중국의 도전을 우려했던 현실주의 중심의 위협론적 시각에서 탈피하여 다자주의를 통한 신자유주의적 시각을 중심으로 국제안보체제에 대한 중국의 태도변화를 주의 깊게 관찰하며, 중국이 앞으로 추진해야 할 외교발전의 긍정적인 방향으로 책임대국론을 제시한다.4 이들은 중국이 국제안보체제와의 상호관계 속에서 근본적으로 변화하는 것이 책임대국으로 발전하는 방향이라고 규정하고 있으며, 그러한 논리에는 구속과 사회화라는 구체적인 변화과정을 통하여 중국이 그 목표를 이룰 수 있으리라는 희망적인 추론이 내재되어 있다.5

그러나 일단 다자주의에 바탕으로 두고 국제안보체제와 상호관계를 맺기 시작한 이상 중국은 장기적인 차원에서 결국 국제사회에 점진적·평화적으로 편입할 것이라는 서구의 인식과는 달리,6 중국의 변화를 좀 더 세밀하게 분석해 보면 다자간 안보체제에 대한 중국의 태도변화는 변화의 범위와 발전방향

---

2 다자간 안보체제에 대한 중국의 태도변화를 분석한 연구는 Johnston and Evans(1999, 235-272) 참조. 상하이협력기구에 대한 심도 있는 연구는 중국현대국제관계연구소 민족종교연구중심(2002) 참조.
3 중국의 부상에 대한 서구의 인식변화는 중국에 대한 존스턴(Alastair Iain Johnston)의 태도변화에서 추론해 볼 수 있다. 이에 대한 자세한 내용은 4장의 각주 1번 참조. 미국의 대표적인 친중국학자인 샴보도 일찍이 이와 같은 입장을 표명하였다(Shambaugh 2001, 25-30).
4 중국의 책임대국론에 대한 포괄적인 연구는 Zhang and Austin(2001) 참조. 책임대국론에 대한 서구와 중국의 시각을 비교하여 중국의 책임대국 가능성을 논의한 연구는 한석희(2004b) 참조.
5 중국의 국제체제 진입과정에서 구속과 사회화에 대한 논의는 Johnston and Evans(1999, 235-237), 한석희(2002a, 373-391), Wang Hongying(2000, 71-91) 참조.
6 존스턴은 경로의존성(path dependence)을 중심으로 국제체제에 대한 중국의 참여비율과 국제규범에 대한 순응도를 검토하면서 이와 같은 주장을 한다(Johnston and Evans 1999, 235-237 ; Johnston 2003, 12-22).

에서 서구의 예측과는 다른 모습을 보이고 있다. 즉 중국은 서구에서 제시하는 바와 같이 구속과 사회화를 통하여 국제체제가 추구하는 가치 및 규범 등을 근본적으로 수용하여 외교적 태도를 변화시키기보다는 자국의 발전에 유리한 가치 및 규범은 최대한 받아들이면서 주권 및 국가이익을 간섭하는 국제체제의 압력과 영향은 최소화하는 표면적이고 제한적인 변화만을 추구하고 있다.7 따라서 중국이 지향하는 발전방향도 서구에서 제시하는 민주화와는 달리 정치적 사회주의와 경제적 자본주의의 모순적 조합체인 사회주의 시장경제로의 변화이다.

그렇다면 중국은 왜 다자간 안보체제에 대한 변화를 꾀하고 있을까? 또 중국은 변화를 꾀하면서도 왜 제한적 범위에서만 변화를 허용하고, 결국 서구와는 다른 방향으로 발전을 도모하고 있을까? 이 글은 이러한 문제들에 대한 답을 중국의 신안보 개념인 신안전관(新安全觀)에서 찾고자 한다. 중국의 신안보 개념이란 냉전의 종식과 함께 시작된 국제질서의 변화를 반영하여 안보에 대한 개념을 재구성한 것이다. 중국은 신안보 개념을 바탕으로 다자간 안보체제에 협력적인 태도로 전환할 수 있었고, 또 변화의 범위도 규정할 수 있었다. 이 글에서는 냉전 종식 이후 중국 내에서 논의된 신안보 개념을 분석하기로 한다. 보다 분명한 개념 파악을 위해서 신안보 개념의 형성 배경과 주요 내용, 그리고 신안보 개념의 한계를 중심으로 다자간 안보체제에 대한 중국의 태도변화의 원인을 추적해 보고자 한다.

---

7 중국의 이러한 태도를 사무엘 S. 김은 최대/최소원칙으로 설명한다(Samuel S. Kim 1992, 141-157).

2. 신안보 개념의 등장 배경 : 국제환경의 변화

중국의 안보 개념은 대내외 안보환경의 변화에 따른 인식의 변화를 반영한 결과로서 중국의 외교적 태도를 결정하는 중요한 잣대로 간주되어 왔다(閻學通 1999, 20). 1949년 중화인민공화국이 수립된 이후부터 지금까지 중국의 안보 개념은 거시적인 측면에서 냉전의 종식이라는 외부의 환경변화를 중심으로, 냉전적 안보 개념과 탈냉전적 안보 개념으로 구분되는 경향을 보이고 있다. 물론 역사적 관점에서 볼 때 냉전기와 탈냉전기를 통틀어 국제사회에서는 미시적인 안보환경의 변화가 지속적으로 이루어져 왔고, 이에 따라 중국의 안보 개념도 조금씩 그 내용을 달리하는 경향을 보여 왔다.[8] 그러나 1990년대 초반 중국이 외교적 태도를 전환하게 된 가장 직접적인 동기는 역시 냉전의 종식과 국제질서의 재편에 따른 안보 개념의 변화라고 볼 수 있다. 냉전의 종식이란 소련의 붕괴와 함께 양극체제의 해체를 의미했으며, 이는 또한 제로섬적 상호관계와 군사우선주의 중심의 냉전적 국제사회가 상호의존과 경제우선주의 중심의 탈냉전적 국제사회로 재편되는 결과를 낳게 되었다(李愛華 1997, 宮少朋·朱立群·周後朋 1998).

일반적으로 탈냉전기 국제사회의 변화는 세계화로 대표되고 있다.[9] 냉전의 종식과 함께 국제사회에서는 미국과 소련 중심의 배타적 블록이 와해되었고,

---

8 예를 들어 냉전기 중국의 안보 개념은 미국 또는 소련과의 관계 변화에 따라 친소련 시기(1949~57), 강대국(미소)과의 대립 시기(1958~70), 반패권주의 연합전선 시기(1971~81), 비동맹 안보 시기(1982~91)로 그 변화를 구분해 볼 수 있다. 탈냉전기의 안보 개념도 ―아직까지 중국에서 포괄적이고 종합적인 연구가 나오지 않았지만 대체로 1999년 코소보전쟁과 2001년 9·11테러를 중심으로 약간의 차이를 보이고 있다. 냉전기 중국의 안보 개념 변천에 대해서는 Wu Baiyi(2001, 275-283) 참조. 냉전의 종식에서 2000년까지 안보환경에 대한 중국 내의 논의를 포괄적으로 분석한 연구는 Pillsbury(2000) 참조. 9·11테러 이후 안보환경에 대한 중국의 논의는 Jia(2001), Shen(2001), Deng(2001, 343-365) 참조.
9 프리드먼(Thomas Friedman)은 세계화에 대해 냉전적 양극체제를 대체한 새로운 국제체제로 규정한다(Friedman 1999, 7-8).

따라서 국가 간의 자유로운 왕래와 교류가 가능해졌다. 또한 탈냉전기 국제사회에서는 강대국들 간의 관계가 개선되었고, 그에 따라 대규모의 세계전쟁 발발 가능성도 현저히 줄어들게 되었다.[10] 이러한 변화의 바탕 위에서 국제사회에서는 세계화의 바람이 불기 시작하였다. 세계화는 전 세계 개별국가들을 정해진 방향, 예를 들어 민주화, 규범화, 시장화 등으로 유도하여 평화와 발전, 그리고 안전을 도모하는 일체화된 사회로 전환시키는 역할을 하였다. 세계화는 범세계적인 조류로 두 가지 수준에서 그 역할을 하고 있다. 우선 국제체제 수준에서 세계화는 국제정치의 본질을 재정립하고 국제사회에서 안보의 개념을 재설정하는 역할을 하고 있다. 그리고 개별국가 수준에서는 각국의 정치체제, 사회구조 및 경제운용에까지 영향을 미치는 국가발전의 모델 역할을 하고 있다. 따라서 세계화의 조류에 참여하는 개별국가는 민주화와 시장화로 전환해야 하는 국제적인 압력에 직면하게 되고, 국제체제의 규범과 가치, 그리고 규율을 지켜야 하는 의무를 지게 되는 것이다.[11]

중국에서도 탈냉전기 국제사회의 변화를 세계화와 동일하게 인식하는 경향을 보이고 있다.[12] 중국은 탈냉전기 세계화를 이제 거스를 수 없는 시대적 조류로 인식하며, 한 국가의 발전과 후퇴는 모두 세계화의 흐름에 어떻게 대응하는가에 달렸다고 본다. 따라서 중국은 세계화의 조류에 적응하여 국가발전을 이룩하는 것이 새로운 세계에서 국가가 생존하고 발전하는 방법이라고 믿고 있으며, 이러한 인식을 바탕으로 세계화의 조류에 적극 동참하고 있다.[13] 중국이 국

---

10 장쩌민은 1992년 10월에 개최된 제14차 중국공산당 당대회의 정치공작보고에서 당시 중국의 안보환경을 중화인민공화국 수립 이래 가장 안전하고 만족스러운 상태라고 언급한 바 있다(『人民日報』 1992.10.21).
11 세계화의 개념 및 그 영향에 대해서는 Flanagan(2001, 7-32) 참조. 특히 세계화가 국가에 미치는 영향력에 대해서는 Held(1999) 참조. 세계화와 국가안보 간의 쟁점에 대해서는 Frost(1999, 35-74) 참조.
12 세계화에 대한 논의는 1997년 9월 제15차 중국공산당 당대회 당시 장쩌민의 연설에서 비롯되었다(『人民日報』 1997.9.21). 세계화와 중국의 대응에 대한 서구의 연구는 Moore(2000, 105-131) 참조.

내적인 논의에서 개념화하고 있는 세계화의 특징 중 가장 대표적인 것은 국제 관계의 다양화이다. 냉전시대와는 달리 중국은 세계화시대에 국력의 조건을 과거 군사력 위주의 평가에서 벗어나 이제는 군사력을 포함한 경제력, 교육수준, 외교능력, 과학기술능력, 자원 등 다양한 조건을 충족시키는 종합국력으로 규정하며, 특히 경제력의 중요성을 강조한다.[14] 이른바 경제세계화라는 명칭 아래 중국은 세계화를 자본주의 발전단계에서 나타나는 경제교류 활성화 내지는 경제투자 자유화와 동일시하며 무역세계화, 대외투자 및 금융세계화, 다국적기업의 세계화로 인식하는 경향을 보이고 있다.[15]

중국은 경제세계화를 통하여 국제경제질서에 좀 더 포괄적·적극적으로 참여하여 국가경쟁력을 제고하고, 경제개혁과 개방을 가속화함으로써 정치적 안정 및 정치체제의 존속을 도모하고 있다(俞正梁 等 2000, 1-6, 13).[16] 중국이 경제세계화 과정에서 중요성을 부여하고 있는 것은 최첨단 기술 분야이다. 사실 탈냉전기에 세계화가 가속화된 주요 원인 중 하나는 정보통신혁명이다. 정보통신혁명과 함께 국제사회에서는 국가 간의 정보 및 인적·물적 교류가 보다 활성화되었으며, 국내문제의 국제화와 국제문제의 국내화가 더욱 촉진되었다(時殷弘 2002, 91-95).[17] 따라서 중국은 최첨단 과학기술의 발전과 이를 통한 경제세계화의 촉진이 자국의 발전 및 안정에 필수적인 조건이라고 인식하고 있다. 또한 중

---

13 세계화에 대한 중국의 인식을 보여주는 대표적인 저술은 王逸舟(1999), 蔡拓 等(2002), 俞正梁 等(2000), 龐中英(2002) 참조.

14 종합국력의 의미와 중요성에 대해서는 倪健民·陳子舜(2003, 309-359) 참조. 종합국력에 대한 좀 더 포괄적인 연구는 黃碩風(1999) 참조.

15 세계화를 경제세계화로 인식하는 것은 중국에서 일반화된 현상이며, 이와 아울러 선진 경영기술과 선진 과학기술의 수용을 도모하고 있다(馬維野 2003, 1-12).

16 경제발전과 정치적 안정의 관계는 중국의 민족주의 연구에서 많이 다루는 주제이기도 하다. 이와 같은 연구는 Zhao(2000, 1-33), Zheng(1999) 참조.

17 과학기술혁명이 국제관계에 미치는 영향에 대한 중국의 인식은 중국현대국제관계연구소(2002) 참조.

국은 경제세계화에 따른 사회적 구조변화를 일정 부분 허용하고 있으며, 경제세계화에 보다 적극적으로 참여하기 위하여 산업구조조정, 금융구조조정 및 경제발전의 균등화에 노력하고 있다.[18] 그리고 이는 국내의 다른 분야에까지 영향이 확산되어 환경, 인권, 안보, 정보통신 등을 포함한 제반 분야에서 세계화가 일어나고 있다.

국제관계의 다양화와 관련해 파생되는 또 하나의 특징은 다자주의의 확대이다. 세계화시대에는 국가 간 상호의존이 가속화되면서 국가 간 또는 국내 갈등이 국제문제로 전환되는 경향이 강하게 나타났으며, 이러한 문제들은 근본적으로 다자간 협력에 의해서 해결되는 양상을 보여 왔다(Wang Jianwei 1999, 73-74). 특히 세계화시대 국제사회에서는 국가뿐 아니라 다양한 수준의 비국가 행위자, 예를 들어 비정부기구(NGO), 개인, 집단 등이 국제관계의 역할 단위로 등장하게 되었다. 아울러 국제사회의 쟁점들도 과거 군사안보 위주의 문제들에서 국제정치의 하위안보(low security) 분야의 문제들로 전환, 확대되어 갔다(魏憲朝 2000, 26-30).[19] 또한 냉전시대의 산물인 정치적·군사적 블록이 해체되자 지역수준의 다자간 교류가 활발해지며 지역 간의 상호관계도 활기를 띠게 되었다. 이러한 세계화의 복잡성과 다양성에 따라 국제사회의 여러 가지 문제들은 개별국가들이 독립적으로 해결할 수 없는 수준에 이르렀고, 따라서 다자간 협의와 협력을 통해서만 적절히 대처할 수 있게 되었다. 다자주의에 의한 국제문제의 해결은 국제사회의 평화와 발전을 목표로 하기 때문에 개별국가들은 다자간 협력에 적극적으로 참여하고 그 규범과 가치에 순응해야만 하는 상황에 직면하게 되었다.

---

18 경제세계화가 중국에 미치는 영향에 대해서는 王逸舟(1999, 1-15) 참조. 중국의 경제개혁에 대한 포괄적 연구는 Nathan, Hong, and Smith(1999) 참조.
19 국제정치의 하위안보에 대해서는 Shambaugh(2000, 100) 참조.

3. 신안보 개념의 내용 : 다자안보의 수용

세계화에 따른 국제질서의 구조적 변화가 진행됨에 따라 중국은 국제사회의
다자주의 추세에 적응하기 위하여 신안보 개념을 수립하기 시작하였다. 중국의
신안보 개념은 아직까지 정형화된 단계에 이르지 못하고 지속적으로 보완·확충
되는 단계에 있지만, 그 과정에서 나타나는 주요 논점들은 다음과 같다.

첫째, 신안보 개념의 주요 쟁점은 다자간 안보체제에 대한 중국의 태도변화
로 요약할 수 있다. 중국은 세계화의 추세를 전통적 안보 개념의 약화, 다양한
비전통적 안보문제의 대두, 그리고 다자간 협력에 의한 국제문제의 해결로 파
악했으며, 그 중에서도 다자간 협력에 대한 태도변화가 가장 중요한 쟁점으로
등장하게 되었다.[20] 사실 중국의 역사를 볼 때 다자주의는 국가이익에 역행하고
외세의 침탈을 가속화하는 역할을 해왔다. 중국의 민족주의는 이러한 외세의
불평등한 처우에 대항하는 과정에서 형성되었다(Christensen 1999, 239-256). 중국
은 다자주의에 대한 역사적 인식을 반영하여 1971년에야 UN에 가입했으며, 개
혁·개방 이후 몇몇 경제체제에 가입한 것을 제외하고는 1980년대까지 다자간
국제체제에 별다른 관심을 보이지 않았다(Wang Jianwei 1999, 74).[21] 특히 안보문
제는 국가 존립에 관련된 가장 민감한 사안으로, 중국은 다자간 안보체제에 가
입하는 데 상당한 부담을 느껴 왔다. 따라서 중국의 신안보 개념은 다자간 안보
체제에 협력적인 태도로 전환하기 위한 근거로 성립되었다.[22]

둘째, 신안보 개념의 형성방향은 다양한 분야에서 일어나는 국제문제에 좀

---

[20] 옌쉐통과 추수룡은 새로운 안보 개념을 구체화한 대표적인 학자이다(閻學通 等 1999, 18-62 ; 閻學通
2000, 8-10 ; 楚樹龍 1997, 2-7).
[21] 중국은 1980년에 IMF와 세계은행에 가입하였다(Jacobson and Oksenberg 1990).
[22] 옌쉐통은 신안보 개념을 분석하면서 안보협력에 대한 내용을 주로 다루고 있다(閻學通 1999, 18-62).

더 체계적으로 대처하기 위하여 국가안보의 개념을 확장하고 안보의 개념 수준을 구분하여 정리하는 것이었다. 중국은 우선 군사안보 중심의 전통적 안보 개념을 확장하여 경제, 자원, 정보, 국제 테러리즘 등 세계화시대에 발생하는 다양한 종류의 다국적 갈등을 중국의 안보를 위협하는 요소들로 규정하고 이러한 위협을 적절히 통제하는 것을 국가안보의 개념에 포함시켰다.[23] 특히 다양한 비군사적 갈등에 대한 중국의 입장과 이에 대한 처리방안을 비전통적 안보로 개념화하며, 국제사회의 광범위한 갈등을 포함한 비전통적 안보 분야의 문제들은 국제사회의 상호의존성이 가속화함에 따라 더욱 심화되고 있기 때문에 다자주의에 의한 국제사회의 협력만이 이러한 문제들을 해결할 수 있다고 주장한다.[24]

또한 중국은 전통적으로 국가의 안위를 보장하는 근본적인 의미의 안보 개념과 함께 상위의 안보 개념으로서 중장기적 국가발전을 제시하고 있다. 즉 군사비 증액과 국방현대화같이 국방력의 증진을 통한 전통적 의미의 군사안보가 아직까지 국가의 존립에 중요한 요소로 남아 있기는 하지만, 세계화시대에 보다 근본적이고 장기적으로 국가안보를 유지하기 위해서는 종합적인 국력신장을 이루어야 한다는 점을 강조하고 있다(Wu Baiyi 2001, 278-279). 세계화시대에는 경제발전과 과학기술의 발전, 자원의 효율적 활용과 같은 보다 포괄적이고 균형적인 국가발전이 국가안보를 근본적으로 보장할 수 있으며, 특히 아시아 금융위기에서 보듯이 경제안보가 다른 안보에 우선하는 양상을 띠고 있다고 주장한다. 또한 이러한 종합적인 경제신장은 다자간 협력에 의하여 보장될 수 있기 때문에, 경제안보를 중심으로 종합적인 발전을 추구하는 과정에서 국제 및

---

23 세계화시대의 다양한 국제문제와 중국의 국가안보에 대한 논의는 蔡拓 等(2002) 참조.
24 중국에서는 비전통적 안보에 경제안보, 금융안보, 핵자원안보, 환경안보, 수자원안보, 민족분열, 종교극단주의, 국제 테러리즘, 문화안보, 무기확산, 정보안전, 전염병, 인구안보, 국제마약밀매, 불법이민, 해적, 돈세탁 등을 포함하고 있다(陸忠偉 2003).

지역안정에 크게 기여할 수 있다고 믿고 있다(王逸舟 1999, 128-161).

　셋째, 비전통적 안보 영역, 특히 경제안보 영역의 다자간 협력에 대한 연구를 바탕으로 중국은 전통적인 군사안보 영역에 대한 태도전환을 모색하게 되었다. 세계화의 조류가 경제적 세계화를 시발로 다른 영역에까지 영향을 미친 것과 같이, 경제안보 분야의 다자간 협력은 전통적인 군사안보 영역에서도 다자간 협력을 모색하는 계기가 되었다. 특히 중국은 다자간 안보체제에 대한 협력적인 태도로 개혁·개방 이후 국력신장에 부합하는 국가 이미지 제고와 더불어 국제사회에서 신뢰구축을 꾀하게 되었다.[25] 이러한 논의를 바탕으로 중국은 다자간 국제체제에 대한 참여를 확대했으며, 그 추세는 〈표 5-1〉과 같다.

　〈표 5-1〉에서 보듯이 중국은 다른 나라들과는 달리 1986년 이후부터 참여율이 세계 평균을 상회하며, 1986년 이후 다른 나라들의 참여율이 그다지 증가하지 않은 반면에 중국은 급격한 상승세를 보이고 있다. 또한 1997년 이후 중국

〈표 5-1〉 국제체제 참여율에 대한 국가 간 비교 (단위 : 개)

국가＼연도	1966	1977	1986	1997	2000
세계 평균	22	30	33	31	32
중국	1	21	32	52	50
미국	68	79	65	65	63
일본	53	70	58	63	63
인도	58	65	58	61	50

출처 : Johnston(2003, 13, 〈Figure 1〉).

---

25 중국은 중국위협론에 대한 대응으로 이미지 제고에 심혈을 기울이고 있다. 중국위협론에 대한 반박은 陸鋼·郭學堂(2004) 참조. 옌쉐퉁은 신안보 개념의 배경을 경제안보의 영향으로, 신안보에 대한 개념을 상호 신뢰구축을 중심으로 설명하고 있다(閻學通 1999, 18-24). 중국의 외교에서 이미지 제고의 문제를 심층적으로 분석한 연구는 Wang Hongying(2003, 46-72) 참조.

의 참여율이 둔화되고 있으나 새로 가입한 국제조직의 숫자는 아직도 과거에 비해서는 훨씬 많다. 이러한 결과는 안보 개념의 전환에 따른 중국의 협력적 외교태도를 보여주는 사례라고 할 수 있다.

국제체제에 대한 참여율 증가와 함께 중국은 다자간 국제안보체제와 다자간 지역안보체제에 대해서도 참여율을 높여 가고 있다. 그러나 서로 다른 수준의 다자간 안보체제에 대하여 중국은 접근방식에서 약간의 차이를 보이고 있다. 우선 중국이 참여하고 있는 대표적인 다자간 국제안보체제는 NPT와 CTBT인데 각각 1992년과 1996년에 가입하였다.[26] 또한 중국은 지역안보 차원에서 1994년 ARF, 1996년 CSCAP에 가입하여 적극적으로 활동해 오고 있다. 그러나 다자간 안보체제에 참여하는 이유를 살펴보면, 중국은 국제안보체제에 대해서는 자국의 이미지 제고를, 지역안보체제에 대해서는 상호 신뢰구축을 꾀하려는 태도를 보이고 있다.

대외관계 분야의 저명한 학자인 중국사회과학원 세계경제정치연구소의 리샤오쥔(李少軍)은 중국이 NPT에 참여하는 기본적인 이유를 대외적 이미지 제고에서 찾고 있다. 그는 중국이 현실주의를 바탕으로 국제관계를 인식하고 있다는 점을 인정하면서도, 이러한 인식이 꼭 힘에 의한 외교적 태도(실력정치)와 연결되는 것은 아니라고 주장한다. 특히 그는 핵무기문제에 대한 스웨인과 존스턴의 연구를 반박하면서 중국의 전략문화는 현실주의가 아닌 '인'(仁)을 중심으로 형성되어 왔다는 점을 밝히며, 중국은 NPT에 참여함으로써 자국의 이미지 제고 효과를 추구하고 있음을 주장하였다. 그 예로 그는 중국이 NPT에 참여함

으로써 핵무기의 위험으로부터 국제사회를 보호하고 국제평화를 유지·발전시키는 데 상당히 기여하고 있음을 강조하며 중국의 평화적 이미지를 부각시키고 있다.[27]

이와는 달리, 중국은 다자간 지역안보체제에 대해서는 상호 신뢰구축을 목표로 하고 있다. 물론 다자간 지역안보체제에 접근하면서 이미지 제고도 고려하지만, 지역안보체제에 가입하는 과정을 살펴보면 상호 신뢰구축을 더 강조하는 경향을 보인다. 중국은 ARF, CSCAP, 상하이협력기구 및 '10+1' 등의 다자간 지역안보체제에 참여하는 과정에서[28] 안보협력이라는 개념으로 접근하고 있다. 이는 서구에서 추구하는 집단안보와는 구별되는 개념으로서, 주요 원칙으로 구체적 적대대상의 결여, 내정불간섭, 무력사용금지, 평등한 협상 등을 망라하고 있다.[29] 특히 중국은 아시아태평양 지역의 안보협력과 관련하여 공동이익, 상호신뢰, 경제발전을 기본 조건을 명시하고 있으며, 이를 신안보 개념의 주된 구성요소로 인식하고 있다(閻學通 1999, 27-29).

이와 같이 중국은 신안보 개념을 통하여 다자적 안보체제에 대한 태도변화를 정당화하고 있다. 중국의 신안보 개념은 국제사회의 안보를 비전통적 안보와 전통적 군사안보로 구분하고 그에 대한 다자주의적 협력을 강조한다. 또한 전통적 군사안보도 다자간 국제안보체제와 다자간 지역안보체제로 나누고 있지만, 여기에 대해서도 중국이 협력적인 태도를 보이고 있다고 주장한다. 이러한 변화를 고찰해 보았을 때 중국의 외교는 외부환경의 변화와 안보 개념의 전

---

27 리샤오쥔은 "핵무기문제에 대한 중국의 입장 해석"에서 이와 같은 입장을 밝히고 있다. 그의 논리는 중국위협론에 대한 반박을 연상시킨다(李少軍 2003, 43-68).

28 중국과 다자간 지역안보체제에 대한 포괄적인 연구는 Johnston and Evans(1999, 235-272), Johnston (1999, 187-324) 참조. 상하이협력기구와 '10+1'에 대해서는 주재우(2002, 187-212) 참조.

29 집단안보와 안보협력의 성격 구분과 기능상의 차이에 대해서는 成雪峰(2001, 11-17) 참조. 안보협력의 원칙에 대해서는 閻學通 等(1999, 25-27) 참조.

환, 그리고 외교적 태도의 변화라는 일련의 단계적 상호작용을 거치며 발전해
왔고, 그 방향은 다자간 안보체제에 협력함으로써 평화와 안정을 도모하는 것
이라고 할 수 있다.

4. 신안보 개념의 제한성 : 주권문제의 상존

중국이 신안보 개념을 통하여 다자간 안보체제에 협력하고 있다는 것은 대
외관계 분야에서 고무적인 발전이라고 할 수 있다. 중국은 다자간 국제안보체
제와 다자간 지역안보체제에 참여함으로써 자국의 이미지 제고 및 상호 신뢰구
축을 꾀하고 있으며, 이는 중국이 국제사회의 평화와 발전에 기여하고 있다는
근거로 제시되고 있다. 그러나 중국의 참여와 국제사회에 대한 기여의 상관관
계를 구체적으로 증명하기 위해서는 중국의 참여 자체를 국제사회의 평화와 발
전에 대한 기여와 동일시하는 규범적인 평가보다는, 중국이 다자간 안보체제의
규범과 가치에 얼마나 순응하고 있는지를 검토하는 질적인 평가를 적용하는 것
이 더 적합하다.[30] 왜냐하면 중국은 다자간 안보체제에 참여하면서 국제체제가
추구하는 가치와 규범 등을 수용하여 외교적 태도를 근본적으로 변화시키기보
다는 자국의 발전과 국가이익에 유리한 부분만 선별적으로 받아들이는 제한적
인 변화만을 시도하고 있기 때문이다.

중국이 국제사회에 협력하는 과정에서 이렇게 선별적인 자세를 보이는 근본
적인 원인은 주권에 대한 인식과 적용에서 중국과 국제사회가 서로 다른 해석을

---

30 다자주의의 규범적 측면과 질적 측면에 대한 논의는 Ruggie(1992, 566) 참조.

하고 있기 때문이다. 즉 서구에서는 세계의 평화와 발전을 위하여 개별국가들이 국제체제에 주권을 어느 정도 할양해야 하는 것을 강조하는 반면, 중국에서는 전통적인 웨스트팔리안식 주권 개념을 바탕으로 주권을 절대로 타협할 수 없는 최상의 가치이자 규범으로 인식하고 있다.[31] 이러한 개념 차이를 다자간 안보체제에 대한 중국의 태도에 적용시켜 보면, 중국은 다자간 안보체제에 참여하면서 체제가 규정하고 있는 국제적 규범과 원칙을 준수해야 하고 그 과정에서 국제체제의 주권 간섭을 어느 정도 인정해야 한다는 점에 상당한 불만을 표시하고 있다. 중국은 오히려 다자간 안보체제에 참여함으로써 부여되는 이익이나 권리는 최대한 확보하고 그에 따른 부담이나 책임은 최소화하는 최대/최소의 원칙을 적용하고 있다.[32]

중국이 다자간 안보체제에 참여하는 태도에서 최대/최소의 원칙을 따르는 이유를 신안보 개념에서 찾아볼 수 있다. 신안보 개념은 중국이 새로운 국제환경에 적응하여 다자간 안보체제에 참여하는 근거가 되고 있지만, 그 개념 자체가 중국의 현실주의적 대외관계를 부정하는 것은 아니다.[33] 즉 중국의 신안보 개념은 주권과 국가이익에 대한 철저한 보호를 바탕으로 형성되었으며, 대외관계의 변화를 주장하는 중국의 학자들조차도 대부분 주권과 국가이익은 포기할 수 없는 기본적인 가치로 인식하고 있다. 중국은 다자간 안보체제에 참여해서 이미지 제고와 상호 신뢰구축이라는 이익을 확보해야 하는 동시에, 외부의 압력으로부터 주권 또는 국가이익을 지켜야 하는 딜레마에 처하게 되었다. 따라서 최대/최소의 원칙에 따른 외교적 태도가 이러한 딜레마로부터 탈출할 수 있는

---

[31] 최근 중국의 대외관계 변화와 관련한 주요 쟁점은 주권문제에 대한 서구와 중국의 해석상의 차이에서 기인한다고 볼 수 있다. 웨스트팔리안식 주권 개념에 대한 서구적 논의는 Krasner(1999), 이혜정(2002, 27-42) 참조. 주권문제에 대한 중국 측의 해석은 肖佳靈(2003) 참조.
[32] 최대/최소원칙에 대해서는 Samuel S. Kim(1992, 141-157) 참조.
[33] 중국이 현실주의를 바탕으로 주권과 국가이익에 대해 인식하고 있다는 주장은 Deng(1999, 47-72) 참조.

방안으로 인식되었다. 그 결과 중국은 국익을 바탕으로 한 최대/최소의 원칙에 따라 다자간 안보체제에 대한 참여수준과 범위를 제한하고 있다(Samuel S. Kim 1992, 141-157).

그러나 중국은 다자간 안보체제의 성격에 따라 최대/최소의 원칙을 약간 다르게 적용하고 있다. 예를 들어, 중국은 NPT나 CTBT와 같이 전 세계 국가들을 대상으로 설립된 다자간 국제안보체제에 대해서는 그 체제가 요구하는 변화의 압력으로부터 주권을 지키려는 수세적 태도를 취하고 있다. 반면에 ARF나 CSCAP와 같이 아시아태평양 지역의 국가들을 대상으로 하는 다자간 지역안보체제에 대해서는 자국의 주권과 국가이익에 반하는 체제의 압력을 사전에 차단하는 공세적 태도를 취하고 있다(Johnston and Evans 1999, 236). 중국이 이처럼 다자간 지역안보체제에 대하여 공세적인 태도를 보이는 이유는 국력신장과 함께 다자간 지역안보체제에 대한 중국의 영향력이 강화되었다는 점에서도 찾아볼 수 있지만, 그보다 더 중요한 이유는 중국의 가장 중요한 국가이익인 대만문제가 아시아태평양 지역문제에 포함되기 때문이다.

중국은 현재 대만문제를 국내문제로 간주하고 있으며, 따라서 대만문제의 국제화에 철저히 반대하고 있다. 중국은 대만문제를 ARF와 CSCAP에 참여하는 조건으로 이용하면서 다자간 지역안보체제에 대한 자국의 영향력을 강화해 갔다.[34] 그 후로 ASEAN 국가들은 중국이 ARF와 CSCAP에서 탈퇴할 것을 두려워하여 중국의 주권과 관련된 민감한 사안을 다자간 지역안보체제에서 다루는 데 소극적으로 대처해 왔으며, 중국과의 외교관계 악화를 염려하여 대만문제를 적극적으로 의제화하지 못하고 있다(Chongkittavorn 2000). 특히 중국은 한 걸음 더 나아가 다자간 지역안보체제를 자신들의 구미에 맞는 체제로 변화시키려고 노

---

[34] 대만문제에 대한 ARF와 CSCAP의 태도 차이는 3장 각주 10번 참조.

력 중이다. 그 예로 ARF와 관련하여 주권 중심의 규범을 확립하고, 만장일치보다는 합의에 의한 정책결정을 강조하며 제도화에 강력히 반대하고 있다.[35]

그러나 최근 서구에서는 인도주의적 간섭과 주권에 대한 중국의 인식이 변화하고 있다는 주장이 제기되고 있다. 칼슨(Allen Carlson)은 코소보전쟁 이후 중국에서 주권과 간섭문제에 대한 다양한 의견들이 제기되고 있으며, 특히 중국의 지도자들이 비용과 이익을 상대적으로 계산하여 주권과 인도주의적 간섭에 대한 인식을 전환하고 있다고 분석한다. 그는 중국이 주권에 대해 과도하게 가치를 부여하게 된 원인이 역사적 상실감에 있다고 본다. 따라서 다자주의에 지속적으로 참여하여 활동하는 가운데 중국의 완고한 주권의식이 점차 완화되어 서구사회가 새롭게 규정하는 주권 개념으로 수렴할 것이라고 주장한다(Carlson 2002). 그러나 중국은 아직까지 서구의 인도주의적 간섭을 패권주의의 연장선상에서 파악하고 있으며, 이러한 인식은 중국사회 전반에 걸쳐 일반화되어 있기 때문에 칼슨의 주장이 현실화되기에는 상당한 시간이 걸릴 것으로 보인다(楊成緒 2002, 325-337).

5. 결론

1990년대 이후 다자간 국제안보체제에 대한 중국의 태도변화는 중국의 부상에 대한 새로운 시각을 탄생시켰다. 국제사회는 중국의 부상을 중국위협론과

---

[35] 서구에서는 이러한 내용을 '아세안적 방식'이라 명명하고 있다. 아세안적 방식에 대해서는 Johnston(1999, 287-234) 참조.

동일시했던 현실주의적 시각에서 벗어나 책임대국론적 시각에서 중국을 파악하고 있으며, 중국도 이러한 추세에 따라 강대국의 위상에 걸맞은 행동을 하기 위해 노력하고 있다. 이러한 외교적 태도변화는 중국이 국제사회의 평화와 발전에 기여한다는 시각과 연결되어 있는데, 이와 같은 상관관계를 입증하기 위해서 중국의 신안보 개념을 분석해 보았다. 신안보 개념은 세계화로 대표되는 국제환경의 변화에 따른 국내의 안보인식 변화를 반영하여, 중국이 국제사회에 좀 더 협력적인 태도로 변화하는 이론적 근거가 되었다. 그러나 신안보 개념은 중국의 현실주의적 외교틀을 바꿀 정도로 근본적인 변화를 이끌어내는 데는 한계를 드러냈으며, 따라서 다자간 안보체제에 대한 중국의 변화는 제한적이라고 볼 수 있다.

중국이 이렇게 자국의 변화를 제한하고 있는 주요 원인은 중국의 주권문제에서 찾아볼 수 있다. 중국의 신안보 개념은 주권과 국가이익에 대하여 절대적인 가치를 부여하고 있으며, 따라서 외교적 태도변화의 범위도 주권과 국가이익을 제한하지 않는 수준으로 정하고 있다. 안보문제는 국가의 존망과 직결되는 민감한 문제로서 중국은 다자간 안보체제의 가입과 활동에 신중하게 대처하며, 주권 및 국가이익과 상충되는 외부의 압력을 막기 위하여 최대/최소의 원칙을 따르고 있다. 특히 대만문제는 중국의 주권과 국가이익에 관련된 가장 핵심적인 사안으로, 중국은 대만문제에 대한 이익을 확보하기 위하여 다자간 지역 안보체제에 보다 적극적으로 참여하고 있다. 중국은 ARF와 CSCAP와 같은 지역안보체제에서 대만문제를 논의하는 데 대해 강력하게 반대하고 있으며, 이러한 체제가 제도화를 통하여 중국 국내문제에 간섭하지 못하도록 압력을 행사하고 있다.

중국은 현재 서구사회가 제시하는 민주적 시장경제를 거부하고 나름의 발전방향인 사회주의적 시장경제를 추구하고 있다. 다자주의의 근본 목표는 개별 국가의 표준화이다. 다자주의자들은 각국의 정치·경제체제를 민주화와 시장화로 통일하고, 그러한 국가들이 다자주의에 순응한다면 국제사회의 평화와 발전이 보장된다는 전제 아래 각국의 변화를 촉구하고 있다. 따라서 다자주의의 중국 내 적용에서 가장 중요한 것은 중국의 대내적 변화이다. 그러나 중국은 외부의 압력이 아니라 자국의 상황에 근거하여 변화의 범위를 정하고 있다. 다시 말해 중국은 자국의 정치·경제적 안정, 지속적인 경제발전, 평화통일 등과 같은 국내적 가치들을 국제규범이나 규율보다 더 비중 있게 다루고 있으며, 따라서 중국의 변화도 서구의 예측과는 다른 방향으로 전개되고 있다. 향후 중국의 발전방향은 국내의 상황에 따라 변화하며, 서구에서 제시하는 방향과는 차별화된 발전이 될 것이다.

후진타오 외교와 동아시아 신질서 구축

제6장

제4세대 지도부의 등장과 동아시아의 질서변화 :
화평발전 전략을 중심으로

1. 서론

21세기의 시작과 함께 국제사회에서 회자되는 주요 화두 중 하나는 중국의 부상과 국제질서의 변화이다. 1978년 이후 20년 이상 진행되어 온 개혁·개방 정책의 성공으로 중국은 명실상부한 경제 강대국으로 부상하고 있으며, 눈부신 속도로 쌓아 온 경제력을 바탕으로 국제사회에서 군사·외교·문화 강대국으로 거듭나고 있다. 사실 중국과 같은 거대한 국가가 국내 발전과 대외관계의 확장을 통하여 강대국으로 발전하는 과정에서 국제사회에 대한 영향력이 커지는 것은 당연한 결과일 것이다. 따라서 국제사회에서는 중국의 부상이 국제질서 및 자국에 미칠 영향에 주목하고, 부상하는 중국과 더불어 사는 방안을 강구하고 있다. 특히 동아시아에 위치한 주변국들은 중국의 부상에 따른 경제·외교·군사·문화적 영향력에 대하여 상당히 민감하게 반응하고 있다. 동아시아 주변국들은 미국 및 유럽과는 달리 지리적으로 중국과 상당히 근접해 있으며 중국에 대한 경제적 의존도 또한 높기 때문에 중국의 부상과 그에 따른 영향력 강화는 이들 국가의 성장 및 안보에 결정적인 영향을 끼친다고 할 수 있다.[1]

중국의 부상과 관련하여 주변국들이 관심을 갖는 구체적인 쟁점은 중국의 외교적 태도변화와 주변국에 대한 영향력 강화이다. 일반적으로 한 국가의 외교적 태도변화는 국제환경의 변화, 국내 상황의 변화, 그리고 이 양자의 복합적 변화라는 동인에 의하여 영향을 받는다.[2] 중국은 현재 대내외적 상황이 변화하는 과정에 있으며, 따라서 대외적 태도를 불가피하게 변화시켜야 할 시점에 이르렀다. 자국의 부상에 따른 국제적인 위상변화가 이루어지는 가운데 중국에서는 새로운 지도부의 구성과 같은 국내 상황의 변화가 진행되고 있다. 2002년 말 시작된 후진타오 체제는 대외적으로는 강대국으로서 중국의 이미지를 쇄신해야 하고, 대내적으로는 과거 장쩌민 체제와 정책적 차별성을 가져야 하는 상황에 직면하였다. 따라서 주변국들 입장에서는 중국이 이와 같은 대내외적 환경변화를 반영하여 외교적 태도를 변화시키고 있는지, 또 변화시킨다면 그 원인과 내용은 무엇인지, 그리고 그것이 동아시아 국제질서에 어떤 영향을 미칠지에 대하여 면밀하게 분석할 필요성이 높아지고 있다.[3]

현재 후진타오 중심의 제4세대 지도부[4]가 제시하고 있는 중국의 외교전략은 화평발전(和平發展), 즉 평화적 발전이라고 볼 수 있다. 평화적 부상이라는 화평굴기(和平崛起) 개념에 기초한 화평발전은 기본적으로 중국이 자국의 국력

---

1 중국의 부상에 관한 다양한 연구를 종합적으로 편집하여 국제적·지역적 의미에서 중국의 부상을 분석한 연구는 Brown, et al.(2000), A Council on Foreign Relations(2002), Goodman and Segal(1997) 참조.
2 이러한 분석은 Samuel S. Kim의 연구에서 많이 사용되고 있다(Samuel S. Kim 1998, 3-33).
3 중국의 부상에 따른 주변국들의 인식변화 및 실질적 대응을 위협론과 포용론으로 분석한 연구는 Yee and Storey(2002), Johnston and Ross(1999) 참조.
4 일반적으로 중국 연구자들은 중국의 지도자들을 세대별로 구분하는 경향을 보이고 있다. 이들은 명확하고 객관적인 기준에 따라 세대를 구분하는 것이 아니라, 중국정치에 대한 이해를 돕기 위하여 지도자들의 입당 시기, 연령, 집단적 경험 등을 기준으로 구분하고 있다. 중국 연구자들은 이 기준을 적용하여 마오쩌둥(毛澤東) 등 대장정 시기(1934~36) 이전에 입당한 지도자들을 제1세대로, 덩샤오핑 등 주로 항일전쟁 시기(1937~45)에 입당한 지도자들을 제2세대로, 장쩌민을 비롯하여 내전시기(1945~49)에 입당한 지도자들을 제3세대로, 그리고 후진타오 등과 같이 1941~56년에 출생하여 문화대혁명(1966~76)을 겪은 지도자들을 제4세대로 구분하고 있다. 중국 지도자들의 세대별 구분에 대한 구체적인 설명은 Li(2001, 51-86), 김재철(2002) 참조.

118

신장에 합당한 지위와 영향력을 확보하고 강대국으로서 합당한 대접을 받기 위해서는 국제사회에 대해 좀 더 협력적이고 평화지향적인 태도를 견지해야 한다는 점을 주요 내용으로 하고 있다.[5] 특히 이 개념은 전통적인 안보 분야에서 중국이 주변국들과 우호관계를 정립해야 한다는 점을 강조한다. 이런 점에서 주변정책 또는 목린정책(睦隣政策)의 새로운 외교적 형태라고 볼 수 있다. 그러나 중국의 주변정책은 개혁·개방과 함께 비로소 본격화되기 시작하였다. 따라서 주변정책에서 가장 핵심적인 내용은 중국의 지속적인 경제발전을 위한 주변지역의 안정과 평화라고 할 수 있다.[6] 그런데 중국이 20여 년 동안 평화와 안정 위주의 주변정책을 변함없이 유지해 왔음에도 후진타오 체제의 등장과 함께 이를 새삼스럽게 강조하는 데는 나름의 의도가 있기 때문이라고 추론해 볼 수 있다.

이 글은 중국의 새로운 지도부로 등장한 후진타오 체제의 외교정책 기조를 화평발전으로 보고, 그것이 동아시아 주변국의 질서에 어떠한 영향을 미칠지 분석하는 것이 목적이다. 중국에서 화평발전론은 아직까지 초보적인 수준에서 논의되고 있는데, 이를 선명하게 분석하기 위하여 화평발전의 제기 원인, 주요 내용과 한계, 그리고 외교적 적용에 대해 살펴보기로 한다.

---

5 중국의 지도부는 초기에 화평굴기를 주장하다가 2004년 4월부터는 화평발전으로 용어를 바꿔 사용하고 있다. 화평굴기에 대해서는 徐堅(2004, 1-8, 70) 참조. 후진타오의 외교적 특징을 화평굴기론 중심으로 분석한 연구는 한석희(2004c) 참조.
6 중국은 세계적인 강대국을 추구하는 지역강대국임에도 전통적으로 주변지역에 대한 정책수립에 상당히 소홀했었다(Roy 1998, 8). 중국의 주변정책에 대해서는 Zhao(2004, 256-275) 참조.

2. 화평발전론의 분석

1) 화평발전론의 동인

화평발전론은 화평굴기론에서 출발한 개념으로, 2003년 11월 3일 중국공산당 중앙당교 상무부 교장이었던 쩡삐지엔(鄭必堅)이 아시아 보아오(Bo'ao) 포럼에서 '중국의 평화적 부상의 새로운 방향과 아시아의 미래'(中國和平崛起新道路和亞洲的未來)라는 주제로 강연하면서 처음으로 제기하였다. 그 후 이 개념은 후진타오 주석 및 원자바오(溫家寶) 총리가 공식석상에서 전폭적인 지지를 천명함으로써 중국 제4세대 지도부의 주요 외교전략으로 등장하게 되었다.[7] 후진타오를 비롯한 새로운 지도부가 화평발전론을 지지하는 근본적인 이유는 화평발전론이 대내적으로는 과거 장쩌민 정권의 대외정책과 차별화되는 외교전략일 뿐 아니라, 대외적으로는 중국의 부상과 함께 국제사회에서 지속적으로 제기되고 있는 중국위협론을 효과적으로 반박할 수 있는 전략이기 때문이다.

사실 중국의 국내 상황을 살펴보면, 후진타오 중심의 제4세대 지도부는 형식적으로 권력이양에는 성공했지만 외교 방면에서 이전 정권과 뚜렷한 차별화를 이루지는 못했다. 예를 들어 제4세대 지도부 대부분이 장쩌민 시대와 마찬가지로 기술관료(technocrats)로 구성되어 있다는 점, 전면적인 세대교체에도 불구하고 제4세대 지도부 내에 아직도 장쩌민 또는 상하이파의 영향력이 지속되고

---

7 강연 원문은 CSIS(Center for Strategic and International Studies)의 *China Strategy*, Vol. 3(July 20, 2004) 참조(www.csis.org/isp/csn/040720.pdf). 화평굴기는 쩡삐지엔의 강연 이후, 2003년 12월 10일 원자바오 총리의 하버드대학 강연 및 2003년 12월 후진타오 주석의 '마오쩌둥 탄신 110주년 기념 좌담회' 등에서 당 지도부의 공식적인 지지를 얻었다(龐中英 2003). 그러나 화평굴기론을 처음으로 천명한 공식적인 행사는 원자바오 총리의 하버드대학 연설이다(Wang Yiwei 2004).

있다는 점, 그리고 제4세대 지도자들 대부분이 대외정책과 외교 분야에서 상대적으로 경험이 많지 않다는 점 등은 외교 방면에서 제3세대와 제4세대 사이의 정책적 구분을 모호하게 만들었다. 따라서 제4세대 지도부는 새로운 외교전략을 채택함으로써 이전 정권과 차별화된 외교노선을 추구하게 되었다.[8]

대외적으로도 화평발전론은 중국이 국제사회에서 강대국으로 인식되기 시작하면서부터 중국을 괴롭혀 온 중국위협론을 효과적으로 차단할 수 있는 대응논리로 인식되었다. 사실 장쩌민을 비롯한 중국의 제3세대 지도부는 경제적 부흥을 바탕으로 한 종합국력의 신장[9] 및 대국화 시도가 국제사회에서 중국위협론을 야기하는 원인이라는 점에 착안하여 이를 완화시키기 위한 다양한 조치를 취해 왔다. 그 예로 이들은 우선 신안보관을 수립함으로써 자국의 안보 개념을 확대하여 비전통인 안보 분야까지 포함하고, 전통적인 군사안보 영역에서도 다자주의를 수용하여 국제사회에서 자국의 이미지 제고 및 상호 신뢰구축을 도모하였다.[10] 아울러 이들은 도광양회론을 제기하여 현존 최강대국인 미국에 도전하지 않고 원만한 외교관계를 유지해 갈 것을 확인하였다. 또한 주룽지 총리는 중국기회론을 제기하면서 중국의 부상이 국제사회의 공동번영 및 동아시아 지역 경제발전의 견인차 역할을 한다는 점을 강조하였다.[11] 그러나 중국의 부상에 따른 순기능을 강조하려 했던 제3세대의 노력에도 불구하고 국제사회에서는 그에 대한 우려가 완전히 해소되지 않았다. 따라서 제4세대 지도자들은 국제사

---

8 중국 제4세대 지도부의 인적 구성에 대한 분석은 Li(2001), 김재철(2002) 참조. 제4세대 지도부의 정치·외교적 성향에 대해서는 조영남(2003, 33-34), 김태호(2003, 35-49 ; 2003, 25-41) 참조.
9 중국에서 종합국력이란 경제력, 기술력, 효율성, 자원보유 정도, 국방력, 정치력, 외교력 등을 모두 포괄하는 개념으로 사용되고 있다. 종합국력에 대한 분석은 黃碩風(1999) 참조.
10 중국의 신안보관에 대해서는 閻學通 等(1999, 18-62), 한석희(2004d, 221-244) 참조.
11 중국기회론은 1999년 주룽지 총리의 뉴욕 연설에서 처음 제기된 주장으로 중국의 경제성장이 세계경제의 발전에 크게 기여하고 있다는 것이 주요 내용이다(*People's Daily* 1999.4.15).

회에서 자국의 지위와 영향력을 확보하기 위하여 좀 더 적극적으로 '평화'를 강조하는 경향을 보이게 되었다. 즉 중국의 부상을 중국위협론과 동일시하는 시각에는 중국의 군사력 증강 및 동아시아 지역에 대한 안보위협이 내재되어 있다는 판단 아래, 중국의 부상이 평화적이라는 점을 강조하고 이를 좀 더 적극적으로 행동에 옮기면서 국제사회의 인식을 바꾸려고 하였다.[12]

2) 화평발전론의 내용과 한계

화평발전론은 평화와 발전이라는 두 가지 개념이 합성된 용어로서, 개념상 중국의 발전을 현대화 및 대국화 과정과 동일시하는 반면, 발전의 목적, 수단 및 결과는 모두 평화라는 점을 강조하는 중국의 외교전략이다. 화평발전론은 이론적으로 화평굴기론에서 비롯되었으며, 따라서 이 두 전략은 공통점과 상이점을 모두 가지고 있다.[13] 우선, 유사점은 여러 가지 측면에서 찾아볼 수 있다. 중국은 현재 강대국으로 부상하고 있지만, 20세기 초반에 강대국으로 부상했던 일본이나 독일과는 달리 폭력성을 동반한 국제질서의 전이를 도모하지 않을 것이라는 점을 강조한다. 또한 중국기회론과 신안보관, 그리고 도광양회에서 주장했던 경제적 공동발전 의지와 안정적·평화적 상호관계의 증진이라는 제3세대 지도부의

---

12 화평굴기를 제기한 원인에 대해서는 徐堅(2004, 1-7, 70) 참조. 제3세대의 소극적인 대외정책에서 과감히 탈피하여 좀 더 적극적인 대국외교를 펼쳐야 한다는 주장은 葉自成(2000, 5-10) 참조.
13 화평굴기와 화평발전에서는 부상이나 발전보다 평화를 더 중요한 개념으로 다룬다. 팡중잉(龐中英)은 강대국의 부상을 세력전이(power transition)로 파악하는 서구의 관점에 반대하면서 중국의 부상은 현대화를 성취하기 위한 평화적 행위라고 주장한다(龐中英 2004). 왕이웨이(王義桅)도 화평굴기를 평화의 부상(和平的崛起), 평화적 부상(和平地崛起), 그리고 평화를 위한 부상(爲和平而崛起)으로 나누어 설명하면서 평화를 강조한다(王義桅 2004). 쑤지앤(徐堅)의 경우, 중국의 부상을 부흥과 구별 지으면서 중국에서 가장 중요한 논의는 중국이 어떤 방식으로 부상하는가에 있다고 주장한다(徐堅 2004, 1-8, 70).

외교전략의 연장선상에서 중국의 부상 및 발전은 절대로 현존 국제질서를 파괴하지 않는 범위 내에서 이루어질 것이며, 주변국에 위협이 되기보다는 오히려 주변국의 번영과 안정을 보장하는 방향으로 발전할 것임을 강조하고 있다. 이와 같은 점은 두 전략이 같은 뿌리를 두고 있다는 점을 보여준다(Klingner 2004).

그러나 중국의 제4세대 지도부는 이 두 가지 외교전략을 뚜렷이 차별화하고 있다. 중국의 지도자들은 2004년 초반부터 화평굴기라는 용어를 전혀 사용하지 않고 있으며, 이를 대신하여 화평발전이라는 용어를 쓰고 있다. 이 두 개념의 차이를 명확하게 설명하는 이론적 연구나 공식적인 설명은 없지만, 학자들의 해석에 따르면 이 두 개념의 차이는 대만문제에서 비롯된다. 즉 화평굴기론은 중국의 부상에 비하여 평화유지 노력이라는 부분에 너무 많은 비중을 두었기 때문에 중국이 어떠한 상황에 직면하더라도 절대로 평화에 반하는 일은 하지 않는다는 선언으로 인식되었다. 따라서 대만이 독립을 주장하거나 독립을 위한 행위를 도모하는 경우에는 무력사용도 불사하겠다는 중국의 외교적 원칙과 상충되는 논리상의 모순을 나타내게 되었다.[14] 따라서 중국의 지도부는 화평굴기론의 평화적인 측면을 유지하면서 대만문제와 관련된 부분을 수정하는 의미에서 화평굴기론을 화평발전론으로 수정, 발전시켜 오고 있으며 이를 새로운 외교전략으로 제시한다.

이러한 한계에도 불구하고 화평발전론은 중국의 국내정치 상황을 반영하는 긍정적인 측면도 있다. 즉 화평발전론은 중국의 국내정치 안정을 도모하려는 의도에서 주변의 안정을 강조하는 경향을 보인다. 중국의 제4세대 지도부는 중국공산당의 지도력 유지를 국가이익의 최우선 순위에 두고 있는데, 이는 중국

---

[14] 이와 같은 내용은 최근 한국에서 비공개로 개최된 'Sino-Korean 5x5 Dialogue'에 참석했던 중국의 외교전문가들에 의해서 공통적으로 확인되었다. 이들은 화평굴기론이 중국의 평화지향적 이미지 형성에는 긍정적이지만 대만의 독립지향적 행위에 대한 억제능력이라는 측면에서는 상당한 문제가 있음을 지적하였다.

공산당의 정통성이 결여되어 가고 있는 현 상황에서 어쩌면 당연한 수순이라고 볼 수 있다.[15] 지난 20여 년 동안 개혁·개방이 심화됨에 따라 공산당 지도부는 사회주의 건설의 주체라고 선전해 왔던 자신들의 정치적 정통성을 경제발전의 견인차라는 새로운 측면에서 조명하고 있다. 또 개혁·개방이 가속화함에 따라 나타나고 있는 다양한 사회적 불안요인들, 예를 들어 동서 간의 발전격차, 도농 간의 수입격차, 실업률 증가, 범죄율 증가 등을 지속적인 경제발전에 의존하여 효율적으로 관리해 오고 있다.[16] 그러나 중국 지도부가 경제성장의 지속성을 유지하기 위해서는 국제사회, 특히 아시아 주변국과의 원활한 경제교류가 필수적이다. 중국은 현재 자본과 기술뿐 아니라 원자재, 에너지, 심지어 농산물에 이르기까지 다양한 분야에서 자급률이 급격히 하락하고 있는데, 이를 돌파할 수 있는 유일한 방안은 국제적인 경제교류의 활성화라고 할 수 있다.

중국의 제4세대 지도부가 화평발전론을 통하여 동아시아 주변국들과의 교류에 상당한 비중을 두고 이들과의 원활한 관계정립에 주력하고 있는 가장 큰 이유는 중국이 지속적인 경제성장을 이룩하기 위해서는 동아시아의 지역안정 확보와 이들 지역과의 경제교류 활성화가 중요하기 때문이다. 또한 중국이 세계적인 강대국으로 인정받기 위해서는 동아시아의 강대국으로 인정받는 것이 우선되어야 한다는 인식에서 비롯된 것이라고 볼 수 있다.[17] 특히 화평발전론에서 제시하는 중국의 주변정책은 전통적인 주변국 정책을 좀 더 다양하게 발전시켜 주변국과 동반자 관계를 정립하고[이린위반(以隣爲伴)] 우호적 관계를 유지

---

15 장쩌민은 제16차 당대회 보고에서 공산당의 지도에 의한 소강(小康)사회 달성을 국가목표로 제시하였다. 장쩌민이 공산당의 지도를 강조했다는 것은 역설적으로 중국공산당의 정통성이 약화되었다는 방증으로 볼 수 있다(江澤民 2002, 16-19). 개혁·개방 시기 중국공산당의 정통성 문제에 대해서는 Dittmer and Kim (1993), Zhao(2000, 1-33) 참조.
16 중국의 사회불안과 사회안정성에 대한 논의는 Shambaugh(2000) 참조.
17 화평굴기론의 국내안정 및 주변국 중심의 논의는 Klingner(2004), 龐中英(2004), 王義桅(2004) 참조.

하며[여린위선(與隣爲善)], 선린(睦隣)·부린(富隣)·안린(安隣)의 관계를 이룩한다
는 점에 큰 비중을 두고 있다(徐堅 2004, 4-5). 그 예로 중국은 2003년 말 ASEAN
10개국과 '우호협력조약'에 서명했으며, 남중국해에서의 영토분쟁을 약화시키
기 위한 행동강령에도 서명하였다. 특히 최근 북한의 제2차 핵문제 확산에 따른
6자회담 중재는 중국이 지역안보를 증진시키는 데 상당히 공헌하고 있다는 증
거로 제시된다. 중국은 6자회담을 지속하여 북한 핵문제의 평화적 해결에 신중
하게 접근하고 있다는 점을 강조한다.[18]

　　그러나 한 가지 문제는 화평굴기론에서 화평발전론으로 전환하는 과정에서
도 나타났듯이, 평화지향적 외교전략에 대한 민족주의의 영향력이다. 19세기 말
서구 제국주의의 침략에 따른 대응으로 표출되기 시작한 중국의 민족주의는 서
구의 간섭으로부터 자국을 보호하고 국가의 발전을 도모하는 방어적·대응적 성
격으로 발전하였다. 그러나 최근 중국은 자국의 부상과 함께 중국의 자부심 내
지는 위대함을 재확인하려는 시도에서 적극적·공세적으로 민족주의를 확대해
가고 있다.[19] 이와 같은 새로운 민족주의는 주변국과의 화해와 협력을 강조하는
중국의 화평발전적 외교전략의 이면에서 주변국과의 갈등을 조장하는 결과를
낳고 있다. 그 예로 대만 천수이벤(陳水扁) 총통의 재선 이후 불거진 중국과 대만
의 갈등, 중국에서 개최된 아시안컵 축구 결승전에서 중국 관중이 보여준 일본
에 대한 적대적 행위, 또 최근 한중관계를 심각한 갈등구조로 몰아가고 있는 중

---

18 "Peaceful Rise"(『The Economist』 2004.6.24) 참조. 중국이 북한 핵문제 해결과정에서, 책임국가로서
이미지 제고를 시도하고 있다는 주장은 Samuel S. Kim and Lee Tai Hwan(2002, 109-137) 참조. 필자는
2004년 1월 12~15일 베이징의 중국사회과학원 아태연구소와 현대국제관계연구소의 한반도 문제 전문가들과
인터뷰를 가졌으며, 2004년 3월 23일 상하이국제문제연구소의 한반도 전문가들과도 6자회담에 관하여 토론
하였다. 그 결과 중국의 한반도 전문가 대부분은 북한 핵문제와 관련하여 중국의 6자회담 중재를 긍정적으로
평가하고 있으며, 장기적인 차원에서 6자회담을 통한 북한 핵문제의 해결을 지지한다는 점을 발견하였다.
19 중국 민족주의의 외교적 영향력에 대한 심도 있는 연구는 Zhao(2000, 1-33) 참조. 중국이 부상함에 따라
중국의 위대함을 표출하는 새로운 민족주의에 대한 연구는 Gries(2004) 참조.

국의 동북공정 등을 들 수 있다.[20] 중국의 민족주의에 따른 주변국과의 갈등은 아직까지 동아시아에서 중국의 대외적 행태를 '위협'으로 규정하거나 중국의 평화지향적 외교전략을 무효화하는 수준에 이르지는 못했지만, 적어도 후진타오 체제가 제시하는 화평발전의 긍정적 효과를 제한하는 요인으로 작용할 수 있다.

3. 화평발전론의 외교적 적용

중국의 부상을 이끌고 있는 제4세대 지도자들은 국제사회에서 중국위협론을 부정하고 평화지향적 태도를 선전하기 위하여 화평발전론을 제기하고 있다. 그러나 중국의 부상을 이론적·선언적으로만 합리화하는 데에는 한계가 있으므로, 제4세대 지도자들은 외교정책을 현실에 적용시켜 중국의 외교적 변화를 가시적으로 증명하기 위해 노력하고 있다. 이러한 측면에서 중국이 화평발전론에 의한 새로운 외교전략을 선전하는 데 가장 빈번하게 사용하는 실례로 제2차 북한 핵문제 해결을 위한 중국의 6자회담 중재를 들 수 있다. 1994년 10월 제네바 합의로 일단락되는 듯했던 북한 핵문제는 2002년 말 북한의 핵개발 시인으로 재발했으며, 2003년 1월 북한이 NPT를 탈퇴하겠다고 선언함으로써 동아시아 지역에 핵위협을 고조시켰다.[21] 중국이 제2차 북한 핵위기에 직면하여 화평발전론

----

20 천수이벤 재선 이후 악화되고 있는 중국과 대만의 관계에 대해서는 Taiwan Security Research 참조 (www.taiwansecurity.org/TSR-OneChina.htm). 아시안컵 축구경기와 관련한 중국의 민족주의는 다"Grudge Match"(『*The Economist*』 2004.8.12) 참조. 중국의 동북공정 프로젝트에 따른 고구려사 왜곡에 대한 비판은 "Rewriting History"(『*Time*』 2004.8.23) 참조.
21 제네바 합의에 대한 포괄적인 설명은 Segal(2000, 25-36) 참조.

을 적용시켜 과거와는 다른 해결방안을 모색하고 있다는 증거는 북한 핵문제를 평화적으로 해결하기 위하여 외교적 적극성을 보였다는 점에서 찾아볼 수 있다.

중국은 제1차 핵위기 때와는 달리 2003년 제2차 핵위기 때에는 보다 적극적인 태도로 문제의 해결을 위하여 노력하였다. 사실 제1차 북한 핵위기 때 중국은 이 문제를 미국과 북한의 문제로 규정하고, 가능한 한 제3자의 입장을 고수하려고 하였다.[22] 그러나 제2차 핵위기에 직면해서는 다자간 협상에 의한 문제해결에 동의하고 6자회담을 중재할 뿐 아니라, 북한을 다각적으로 설득하여 6자회담에 참여토록 종용하는 등 과거와는 상당히 다른 태도를 보였다. 이러한 중국의 태도변화에 대하여 국제사회에서 다양한 해석이 제기되었다.[23] 그 중에서도 태도변화의 가장 직접적인 원인은 당시 북한에 대한 미국의 무력공격 가능성이 노골화된 시점에서 중국의 제4세대 지도부가 외교전략을 화평발전론으로 수정한 데 있다고 볼 수 있다.[24] 전통적으로 중국의 대(對)한반도 외교정책의 목표는 '한반도에서의 평화와 안정유지, 한반도 비핵화, 외교적 방법과 대화를 통한 문제해결'로 요약할 수 있다. 그럼에도 중국은 주권존중 및 내정불간섭 원칙에 따라 북한 핵문제에 대한 공개적인 '간섭'이나 '개입'은 회피하는 태도를 견지해 왔다(劉金質·張敏秋·張小明 1998, 216-224).[25]

---

22 당시 중국은 북한 핵문제의 해결에 대해 원칙적인 입장만을 표명하면서 북한에 대한 압력행사를 반대하고 국제사회의 공동대처도 반대하는 등 매우 소극적이고 미온적인 태도로 일관하였다. 1993년 북한 핵문제와 관련하여 주변국들의 태도에 대해서는 Sigal(1998) 참조.

23 북한 핵문제에 대한 중국의 입장을 정리한 연구로는 문흥호(2003, 99-116) 참조. 북한 핵문제에 대한 중국의 개입을 이끌어낸 동기는 실질적인 북한 핵개발과 위험, 협력적 중미관계와 미국의 요청, 그리고 중국 지도부의 대북 인식변화 등 다양한 측면에서 살펴볼 수 있다.

24 당시 미국은 북한이 1994년 제네바 합의를 준수하지 않았다는 점에서 북한과의 외교적 타협에 회의적인 태도를 보였고, 이라크전쟁에서 승리함으로써 북한에 대한 미국의 군사행동 가능성이 높아졌다(Zhu 2004, 5-10).

25 왕지쓰는 한반도에 대한 중국의 전략적 목표를 한반도의 비핵화, 평화와 안정, 그리고 북한의 경제회복으로 요약한다(Wang Jisi 2004, 1-18).

　　그러나 한반도에서 군사적 충돌 가능성이 높아지고, 화평발전론의 영향으로 자국의 대국적 이미지 제고가 정책결정의 중요한 요소로 작용하면서 중국은 북한 핵문제에 대한 태도변화를 꾀했다고 볼 수 있다. 다시 말해, 중국은 북한과의 상호원조조약이 아직도 유효한 상황에서 미국을 상대로 한 북한의 무모한 벼랑 끝 전술이 자칫 중국을 한반도 전쟁에 끌어들일 수 있는 상황에서, 화평발전론을 통한 적극적인 외교적 간섭으로 전쟁 가능성을 줄이고 자국의 평화지향적 의지를 국제사회에 선전하는 이중 효과를 노렸다고 할 수 있다.[26] 중국은 이와 같은 현실적 목표를 위하여 6자회담 중재과정에서 북한을 집요하게 설득하는 한편, 관련국(미국, 일본, 러시아, 한국)에 대한 외교적 활동을 강화하였다. 그 예로 중국은 후진타오, 우방궈(吳邦國), 원자바오 등과 같은 최고지도자급 인사들의 해외방문 및 주변국 지도자들의 초청을 통하여 외교적 교감을 강화했을 뿐 아니라 다이빙궈(戴秉國), 왕이(王毅), 닝후쿠이(寧賦魁) 같은 실무급 인사들의 외교적 활동에서도 이러한 역할을 확고히 하였다(Zhu 2004, 6).

　　이 과정에서 제기되는 주제는 북한에 대한 중국의 영향력이다. 일반적으로 중국이 북한에 대해 정치적 영향력을 가지고 있다는 점은 주지의 사실이다. 그러나 문제는 중국이 영향력을 어느 정도로 행사할 수 있는가이다. 상당량의 식량, 원유, 생필품 등을 원조의 형태로 북한에 공급하고 있는 중국은 확실히 김정일 정부에 대한 정치적 영향력을 가지고 있으나 그 동안 이를 제한적으로 행사해 왔다. 중국이 북한에 대한 영향력을 제한해 온 주요한 요인은 중국의 능력부족보다는 의지의 자제에서 기인한다. 중국은 전통적으로 타국에 대한 내정간섭

---

26 이와 같은 입장은 중국 내에서 진보적 성향을 나타내는 학자들 사이에서 나타나고 있다. 팡중잉(龐中英), 주펑(朱鋒), 탕스핑(唐世平), 스인훙(時殷弘)과 같은 학자들은 이러한 대외정책상의 변화가 북중관계의 변화에서 기인할 수도 있다는 점을 조심스럽게 언급하고 있다. 북중관계의 변화에 대해서는 Han(2004, 155-179) 참조. 그러나 대부분의 학자들은 북중관계의 변화에 따른 중국의 대북 태도변화를 인정하려고 하지 않는다. 대표적인 경우는 樸健一(2003a, 42-46 ; 2003b, 23-26) 참조.

에 상당히 소극적이었으며, 따라서 상당한 원조를 하면서도 북한에 대한 영향력 행사에 비교적 무관심하게 대처해 왔다(Tkacik 2002 ; Pan 2003 ; Becker 2003). 그러나 과거와 달리 중국은 제2차 북한 핵위기 때부터는 지역안보문제를 해결하기 위하여 북한에 대해 적극적으로 영향력을 행사하고 있으며, 그 결과 3자회담과 두 차례에 걸친 6자회담을 개최하는 데에 성공했다. 이와 같은 중국의 적극적인 중재는 제4세대 지도부의 북한에 대한 태도변화를 입증하는 하나의 예로 볼 수 있다.[27] 중국이 북한 핵문제를 평화적으로 해결할 수 있는 방안으로 6자회담을 강조하고, 이를 제도화하여 동북아 안보유지에 다자주의적 접근을 시도하고 있는 것은 화평발전론에 입각한 지도부의 외교전략 변화를 입증하는 또 하나의 예라고 볼 수 있다.[28]

4. 결론

제4세대 지도부가 등장한 이후 중국은 화평발전론에 입각하여 주변국과의 평화와 협력 도모를 외교전략의 주요 내용으로 상정하였다. 중국의 새로운 지

---

[27] 왕지쓰는 북한에 대한 중국의 정치적 영향력을 확인하며, 상황에 따라서는 북한에 대한 경제적 압력이 가능하다는 점을 내비쳐 중국의 대북 태도변화는 중국 지도부의 인식변화에서 기인한다는 점을 간접적으로 보여준다(Wang Jisi 2004, 10). 제한적이지만 중국이 북한에 대한 정치적 영향력을 가지고 있다는 주장은 Scobell(2004) 참조. 북한 핵문제 해결에서 중국의 역할에 대한 설명은 Guo(2004, 11-15) 참조.
[28] 중국의 외교·안보 전문가들은 대부분 단기적 차원에서 6자회담의 성공에 대하여 부정적인 시각을 견지하고 있다. 그러나 이들 모두가 북한 핵문제 해결에서 6자회담이 유일한 방법이라는 점에는 이견이 없다. 6자회담에 관한 이들의 논의는 어떻게 현재의 난관을 타파하고 회담을 성공으로 이끌 것인가 하는 주제로 모아지고 있다. 북한 핵문제 이후 동북아 지역의 다자간 안보협력체로서 다극적(multi-pole) 체제를 주장하는 연구는 Jiang(2003, 24-37) 참조.

도부는 2002년 제16차 당대회와 2003년 제10기 전국인민대표대회를 통하여 중국정치사상 최초로 평화적인 정권계승을 이루었지만, 국내외적으로 자신들의 정치적 입지를 공고히 해야 하는 상황에 직면하게 되었다. 따라서 제4세대 지도부의 화평발전 전략은 대내외적으로 그들의 정치적 입지를 공고히 하는 과정에서 제기되었다. 구체적으로 보면 대외적으로는 중국위협론을 효과적으로 차단하고 중국의 부상에 대한 국제적 협력을 유도한다는 측면에서, 또 대내적으로는 장쩌민을 중심으로 한 제3세대 지도부의 대외전략과 차별화된 나름의 외교전략을 구축한다는 측면에서 제기되었다. 특히 이들은 제3세대 지도부가 제시했던 도광양회나 신안보관 같은 선언적 수준의 외교전략에서 한 걸음 더 나아가 평화와 협력을 향한 자국의 의지를 외교적 행동으로 나타내려고 하였다. 제2차 북한 핵위기는 이와 같은 중국의 변화된 외교행태를 보여주는 하나의 예로 작용하였다.

중국의 제4세대 지도부는 2002년 재발한 북한 핵위기를 해결하기 위하여 6자회담을 제기했으며, 이러한 다자간 안보협력체를 통하여 핵문제의 평화적 해결을 도모하고 있다. 특히 6자회담에서 보듯이, 제2차 북한 핵위기에 대한 중국의 태도는 1993~94년 제1차 북한 핵위기 때와는 상반된 모습을 보였는데, 이 글에서는 이러한 중국의 변화요인을 화평발전론에서 살펴보았다. 제2차 핵위기의 발발과 함께 북한의 계속된 도발을 저지하기 위하여 미국이 군사공격을 감행할 가능성이 고조된 상황에서 중국은 한반도에서의 무력충돌을 막기 위하여 외교적 주도권을 적극적으로 행사하는 한편, 평화적인 방법으로 북한 핵문제를 해결하려고 노력하였다. 북한 핵문제를 해결하기 위한 중국의 노력은 그 동안 중국이 지속적으로 선언해 왔던 한반도에서의 평화와 안정 및 북한 핵개발 반대 입장을 확인하는 계기가 되었을 뿐 아니라, 주변국과의 관계에서 갈등보다는 협력을, 세력변화보다는 세력균형을 선호한다는 점을 보여주는 주요한 사건이라고 할 수 있다.

  그러나 최근 동아시아 주변국과의 관계에서 나타나고 있는 중국의 민족주의적 성향은 이러한 화평발전론을 제한하고 있다. 아시안컵 축구 결승에서 중국 관중의 일본인 위협이라든지, 최근 한중관계에서 초미의 관심을 불러일으키고 있는 중국의 동북공정과 이에 따른 고구려사 왜곡은 중국 정부가 공식적인 외교전략으로 구체화하고 있는 화평발전론에 대해 주변국들의 신뢰를 떨어뜨리는 요인이 되고 있다. 화평발전론을 제기함으로써 전통적인 안보 영역에서 패권지향적 의지와 능력이 없음을 강조해 온 중국 정부가 비안보적 영역에서 주변국과의 갈등을 개의치 않고 자국의 위대함과 자부심을 발양하는 데에만 집중하는 모습은 중국에 대한 주변국들의 평가에 상당한 혼란을 야기하고 있다. 중국은 강대국으로서 자국의 이미지 제고에 상당한 부담을 느끼며 이를 위하여 화평발전론을 제기하였다. 물론 중국의 대외전략은 앞으로 상당 기간 화평발전론을 중심으로 펼쳐지겠지만, 간헐적인 민족주의적 대외행태가 강대국으로서 이미지를 제고하는 데 상당한 걸림돌이 될 것이다.

제7장

6자회담과 중국의 딜레마

1. 서론

2005년 2월 10일 북한 외무성이 발표한 핵보유 주장과 향후 6자회담 불참 선언은 그 동안 북한 핵문제가 평화적·외교적으로 해결될지도 모른다는 주변 국들의 기대감을 배신감으로 바꿔 놓은 사건이었다. 2002년 10월 제임스 켈리 (James Kelly) 미 대통령 특사가 북한의 고농축 우라늄(highly enriched uranium, HEU) 핵무기 개발 의혹을 제기한 이후, 동북아시아의 주요 국가들(미국, 중국, 한국, 일본, 러시아)은 6자회담의 틀에서 제2차 북한 핵위기를 평화적·외교적으로 해결하려고 노력하였다. 주변국들은 3차에 걸친 6자회담을 통하여 그 동안 북미 간에 논란이 되어 온 고농축 우라늄 핵개발 프로그램의 유무, 핵에너지의 평화적 사용 허가의 문제, 그리고 동결과 보상 및 영구 해체의 방법과 시점 등을 둘러싼 양국의 시각차를 좁히기 위해 상당한 노력을 기울여 왔다.[1] 그러나 2005

---

[1] 북한 핵문제 해결을 위한 북한과 미국의 시각차에 대해서는 張業亮(2004), 仝克林(2003) 참조. 최근 해리슨(Selig S. Harrison)은 부시 행정부가 2년 전부터 북한이 비밀리에 핵개발 프로그램을 진행시켜 왔다고 주장하지만, 부시 행정부는 이를 증명할 만한 증거가 없고 오히려 자료를 왜곡하고 있다고 주장한다 (Harrison 2005).

년 춘절(春節) 다음날에 전해진 북한의 폭탄선언은 한반도의 비핵화와 북한 핵 문제의 평화적 해결을 목표로 했던 6자회담이 제 역할을 수행하지 못했음을 증명하는 계기가 되었으며, 국제사회에서는 6자회담의 효용성과 중국의 역할에 대해 회의적인 의견이 제기되었다.[2]

특히 이 사건으로 가장 심각한 외교적 타격을 받은 나라는 중국이다. 사실 중국은 적극적인 외교적 중재를 통하여 2006년 5월까지 세 차례에 걸쳐 6자회담을 성공적으로 개최하는 데 핵심적인 역할을 하였다.[3] 전통적으로 중국은 북한에 대한 정치적 영향력을 보유하고 있다고 인식되는데, 중국은 북중 간의 이러한 특별한 관계를 바탕으로 2003년부터 6자회담의 주최국 역할을 맡아 왔다. 중국은 첸치천(錢其琛), 왕이(王毅), 다이빙궈(戴秉國) 등 전·현직 고위급 외무 관료들을 북한과 미국에 보내 양국에게 상대방의 입장을 전달하고 6자회담에 참여토록 설득하였다. 또한 6자회담에 직접 참여하여 외교적인 문제해결을 주도하면서 회담을 성공적으로 이끌어 왔다. 그러나 한편으로 중국은 6자회담을 통하여 관련국들을 한자리에 모아 지역안보 현안을 해결하기 위한 논의를 주도했다는 점에서는 상징적인 성과를 거두었지만, 북한 핵의 완전한 제거라는 근본적인 문제해결에는 별다른 진척을 이루지 못하는 한계를 나타내기도 했다. 즉 2006년 5월까지 개최된 6자회담에서는 모두 북한과 미국의 현격한 입장 차이만 확인했을 뿐, 북한 핵문제의 근본적인 해결을 위한 구체적인 논의나 타협은 시작조차 하지 못했었다(Oh and Hassig 2004, 273-279). 특히 중국은 북한 핵문제와 관련하여 미국을 비롯한 6자회담 당사국들에게 북한의 대내외적 상황을 이해

---

2 북한 외무성의 성명 전문은 『중앙일보』(2005.2.10) 참조. 북한 외무성의 선언 이후 6자회담을 실패로 간주하는 견해는 Foster-Carter(2005) 참조. 북한 핵에 대한 중국의 역할을 부정적인 시각에서 분석한 글은 Tkacik(2005) 참조. 북한의 2·10선언이 중국을 곤란하게 만들었다는 주장은 Bradsher(2005) 참조.
3 2003년 4월 24~25일 3자회담에 이어 개최된 6자회담은 2003년 8월 27~29일 제1차 회담을 시작으로 2004년 2월에 제2차 회담이, 그리고 2004년 6월에 제3차 회담이 개최되었다.

시키고 북한의 입장을 대변하는 역할을 했으며, 평화적·외교적 방식으로 문제 해결을 유도하기 위하여 다각적인 노력을 경주해 왔다.

이러한 중국의 노력에도 불구하고 북한이 2·10선언을 통하여 중국이 지속적으로 강조해 왔던 한반도 비핵화 및 6자회담을 통한 북한 핵문제의 해결이라는 원칙에 정면으로 도전하자, 중국 내에서는 과거와 달리 북한에 대한 불만을 표면화하고 학자들을 중심으로 기존의 대북정책이 더 이상 북한을 효과적으로 통제하지 못한다는 회의적인 목소리가 조심스럽게 제기되고 있다. 그 예로 중국 정부는 2004년 중반에 북한 김정일 체제를 비판한 글을 게재했다는 이유로 저명한 국제문제 학술저널인 『전략과 관리』(戰略與管理)를 폐간시켰던 것과는 달리, 2월 10일 이후에는 네티즌을 중심으로 중국의 유명 포털사이트에 제기되는 북한 비방 의견들에 대하여 별다른 제재를 하지 않고 있다. 아울러 중국공산당 중앙당교의 장롄궤이(張璉瑰), 런민(人民)대학의 스인훙(時殷弘), 푸단(複旦)대학의 선딩리(沈丁立) 등 저명한 국제관계 전문가들도 해외 언론과의 인터뷰에서 중국의 전통적인 대북정책이 더 이상 효과적이지 못하다는 점을 시사하였다.[4]

그러나 북한의 성명에도 불구하고 중국을 포함한 6자회담 당사국들은 북한 핵문제를 평화적·외교적으로, 그리고 6자회담의 틀에서 해결해야 한다는 입장을 재확인하고 있다.[5] 따라서 향후 북한 핵문제의 핵심 논의는 6자회담이 과거

---

4 왕쭝원(王忠文)의 "새로운 시각에서 본 한반도 문제와 동북아 정세"(以新視角審視朝鮮問題與東北亞形勢)라는 논문이 실린 2004년 4호를 마지막으로 『전략과 관리』는 폐간되었다. 국내의 보도에 따르면, 김정일이 왕쭝원의 논문에 대해 항의하자 중국 정부가 이를 폐간했다고 전한다(『조선일보』 2004.8.21). 중국 학자들의 인터뷰는 "China and North Korea : Managing Chaos"(『The Economist』 2005.2.19), "Doubting U.S., China is Wary of Korea Role"(『The New York Times』 2005.2.19), "Chinese News media Critical of North Korea"(『The New York Times』 2005.2.13) 참조. 그러나 선딩리는 최근 입장을 바꿔 북한은 핵개발을 포기하지 않을 것이며, 국제사회도 이를 막을 근거가 없으므로 북한 핵을 인정해야 한다는 주장을 제기하였다 (Shen 2005, 51-57).
5 미국, 중국, 한국, 일본, 러시아는 북한이 성명을 발표한 이후에도 북한 핵문제의 해결은 6자회담을 통해서 이루어져야 한다는 점을 재확인하였다. 이에 대해서는 Cossa(2005), "朝鮮正式宣布擁有核武器, 無限期終止

134

와는 달리 북한 핵문제를 근본적으로 해결하기 위해서 어떻게 운용되어야 하는가의 문제로 귀결되고 있다. 특히 여기서 중요한 점은 향후 중국의 역할이다. 북한에 대한 정치적·경제적 영향력을 보유하고 있는 중국은 북한을 6자회담장으로 복귀시키는 역할을 할 수 있는 유일한 국가이다. 또한 6자회담의 틀에서 북한 핵문제가 해결될 수 있는지의 여부도 중국이 진정으로 혁신적인 노력을 하느냐에 달렸다고 볼 수 있다.[6]

이 글은 급변하는 한반도 상황에서 북한 핵문제를 근본적으로 해결하기 위한 방안을 모색하는 것이 목적이다. 특히 향후 북한 핵문제의 해결과정도 6자회담을 중심으로 전개될 것이라고 예측하며, 이 문제를 근본적으로 해결하려면 6자회담이 어떻게 진행되어야 하는지에 초점을 맞춘다. 또한 6자회담에서 가장 큰 영향력을 보유하고 있는 중국의 외교전략을 분석하고자 한다. 기존의 6자회담에서 중국이 주도적인 역할을 해 왔다는 점, 중국의 임무가 북미 양자 간의 입장 차이를 이해하고 양국의 의견차를 좁혀 북한 핵문제를 근본적으로 해결하기 위한 돌파구를 모색하는 것이었다는 점, 그리고 향후 6자회담도 중국이 주도할 것이라는 점을 고려할 때, 6자회담에 대한 중국의 외교전략을 파악하는 것은 6자회담의 보다 나은 성과를 유도하고 긍정적인 발전방향을 모색하는 데 기여할 수 있다고 본다. 따라서 이 글에서는 6자회담에 대한 중국의 전략적 목표와 기존 6자회담의 문제점, 그리고 중국의 대북인식 및 북한 핵에 대한 인식이 변화할 가능성에 대하여 분석하기로 한다.

參與六方會談"(www.chinadaily.com.cn/gb/doc/2005-02/11/content_416105.htm) 참조.
6 북한과 중국의 관계에 관한 자료는 상당히 부족한 실정인데 최근에 발표된 대표적인 연구는 다음과 같다. Samuel S. Kim(2001, 371-408), You(2001, 387-398 ; 2005, 1-3), Samuel S. Kim and Tai Hwan Lee(2002, 109-137), Shambaugh(2003, 43-56), Han(2004, 155-179), Scobell(2004).

2. 중국의 6자회담 참여 이유 : 대내외적 요인

　　6자회담에 대한 중국의 태도를 분석하기 위해서는 북한 핵위기라는 똑같은 상황에 직면했음에도 중국이 제1, 2차 북한 핵위기에 대하여 서로 다른 태도를 보였던 이유에 대해서 설명할 필요가 있다. 중국은 제1차 핵위기 때 외교적 무관심을 보였던 것과 달리, 제2차 핵위기 때에는 북한과 미국에 고위급 지도자들을 파견, 양국을 설득하여 대화의 테이블로 끌어들이려고 적극적으로 노력하였다. 또한 3자회담과 세 차례에 걸친 6자회담을 모두 베이징에서 개최하면서 북한 핵문제의 평화적 해결에 주도적인 역할을 해오고 있다.[7] 기본적으로 6자회담이란 중국이 북한 핵문제에 대하여 적극적인 외교전략으로 전환했다는 것을 나타내는 상징적인 사건이다. 따라서 중국이 북한 핵문제 해결에 대한 태도를 전환한 원인으로 제1차 핵위기와 제2차 핵위기 사이 10년 동안 일어났던 중국의 대내외적 상황변화를 지적할 수 있다. 이러한 상황변화에 따라 중국 내에서도 북한 핵문제 해결에 대한 새로운 접근법이 시도되었음을 알 수 있다.[8]

　　북한 핵문제에 대한 중국의 태도가 변한 원인을 대내적 요인과 국제적 요인으로 구분하여 좀 더 상세하게 설명할 수 있다. 우선 대내적 요인의 핵심은 중국 지도부의 변화와 이들이 제시한 새로운 정책이 북한 핵위기에 대한 중국의 태도가 바뀌게 된 원인이라는 점을 강조한다. 중국은 2002년 11월 제16차 당대회와 2003년 3월 제10기 전국인민대표대회를 통하여 장쩌민에서 후진타오로 최고통수권자의 지위계승을 완료하였다. 또한 2004년 9월 제16차 당대회 제4중전회를 통하여 장쩌민이 일선 정치에서 완전히 물러나며 제3세대 지도부에서

---

7 제1차 북한 핵위기는 북한 핵문제가 시작된 1992년 5월부터 1994년 10월 제네바 합의까지의 기간을 말한다. 제1차 핵위기에 대해서는 Sigal(1998), Wit et al.(2004), Oh and Hassig(2004, 273-279) 참조.
8 중국의 입장에서 본 6자회담의 의미에 대해서는 張璉瑰(2003a), 樸健一(2004) 참조.

제4세대 지도부로의 정치적 계승을 마무리 지었다.[9] 이러한 정치지도자의 변화는 필연적으로 국가정책의 변화를 수반하는데, 중국의 외교전략도 제3세대 지도부를 대표했던 도광양회 전략에서 제4세대 지도부를 대표하는 화평발전 전략으로 전환되었다. 도광양회 전략과 화평발전 전략은 중국의 지속적인 경제성장과 발전을 꾀하고, 중국의 부상과 함께 제기되는 중국위협론을 완화시키는 것을 목표로 한다는 점에서는 유사하다. 하지만 그 과정에서 도광양회 전략은 소극적인 접근을, 화평발전 전략은 적극적인 접근을 시도하고 있다는 차이점도 가지고 있다.

즉 도광양회 전략은 중국의 지속적인 성장과 발전을 담보하기 위해서는 타국과의 불필요한 충돌을 최대한 자제하는 것이 최상의 방법이라는 점을 강조한다. 아울러 미국 중심의 국제체제에서 강대국이 되는 길은 미국 중심의 현존 국제체제에 군사적으로 도전하기보다는 평화적으로 편입하여 미국에 버금가는 강대국을 추구하는 것이라는 점을 명백히 해 왔다. 이와 같은 입장을 반영하여 중국은 다양한 종류의 다자간 국제체제에 가입해 활동하면서 미국의 지위에 영원히 도전하지 않는대[영불위두 또는 불요당두(不要當頭)]는 외교적 태도를 강조해 왔다.[10] 반면, 화평발전 전략은 기본적으로 중국이 국력신장에 합당한 지위와 영향력을 확보하고 강대국으로서 합당한 대접을 받기 위해서는 국제협력에 좀 더 적극적인 모습을 보이는 한편, 평화지향적인 태도를 견지하고 있다는 점을 부각시켜야 한다고 강조한다.[11] 특히 중국은 자국 경제의 세계질서 편입이 심화

---

9 제4세대 지도부의 등장과 중국의 향후 정책변화에 대해서는 Finkelstein and Kivlehan(2003), Wong and Zheng(2002), Lin and Hu(2003), *The China Quarterly*(December 2003), "After the 16th Party Congress", 특집판, No. 176 참조. 국내 자료로는 『新亞細亞』(Spring 2003), "中國의 第16次 黨大會와 指導部의 世代交替", 특집판, Vol. 10, No. 1 참조.
10 화평발전 전략의 동아시아 국제정치적 의미에 대해서는 한석희(2004b, 113-134) 참조. 중국이 국제사회에 협조적인 태도를 보이고 있다는 주장은 Medeiros and Fravel(2003, 22-35) 참조.

됨에 따라 종합국력의 신장을 국가적 목표의 최우선 순위에 두고 있으며, 2002
년 11월 제16차 공산당대회에서 선언했듯이 21세기 첫 20년간 중국의 3대 역사
적 임무를 전면적 소강사회 건설, 조국통일대업의 추진, 세계평화의 수호 및 공
동발전 추진으로 정하였다(江澤民 2002, 1-53).

　　중국은 이러한 임무를 달성하기 위하여 한편으로는 주권과 영토안전을 수
호하여 안보를 강화하고, 또 한편으로는 선진국의 대열에 들어설 때까지 주변
환경의 장기적 안정과 평화가 필요하다고 인식하고 있다. 특히 중국의 새로운
지도부는 화평발전 전략을 통하여 중국의 발전, 즉 중국의 현대화 및 대국화가
지역안보에 위협이 되지 않고 오히려 주변지역의 평화유지에 기여할 것이라는
점을 주장한다. 좀 더 구체적으로, 중국은 강대국으로 점차 부상함에 따라 자신
들이 주변지역의 평화와 안정을 위협하는 일은 없을 것이라는 측면에서 평화지
향적 강대국으로 발전할 것임을 강조한다. 또한 주변지역의 평화와 안정을 위
하여 주변지역의 안보문제를 주도적으로 해결하는 책임대국으로 발전할 것임
을 천명하고 있다.[12] 따라서 중국은 평화지향적이고 책임대국적인 견지에서 북
한 핵문제 및 6자회담에 접근하고 있으며, 이러한 측면에서 중국이 제2차 핵위
기 해결과정에 적극성을 띠게 되었다고 할 수 있다.

　　국제적 요인을 통하여 중국의 태도변화를 설명한다면 그 핵심은 중미관계
에서 찾아볼 수 있다. 냉전의 종식과 함께 중국은 협력과 갈등이 반복되는 복잡
한 대미관계를 유지하다가 2001년 9·11테러를 계기로 미국과의 협력관계를 복
원할 수 있는 절호의 기회를 맞이하게 되었다.[13] 중국은 9·11테러 이후 미국이

---

11 화평굴기와 화평발전에 대한 포괄적인 연구는 徐堅(2004, 1-8, 70), 閻學通(2004, 12-16), 阮宗澤(2004,
28-33), 夏立平(2004, 20-23), 俞新天(2004, 44-47), 劉振民(2005, 6-9), 郭震遠(2005, 10-13) 참조.
12 주변지역 안보에 관한 중국의 논의는 許嘉(2003), Zhao(2004, 256-275) 참조. 후진타오의 외교적 특징을
화평굴기와 책임대국 중심으로 분석한 연구는 한석희(2004c, 203-229) 참조.
13 협력과 갈등을 반복하는 탈냉전기 중미관계의 복잡성에 대해서는 Lampton(2001b, 15-63) 참조.

138

주도하는 대테러 전쟁을 적극적으로 찬성하지는 않더라도 이를 묵인하는 수준에서 긍정적인 지원을 해오고 있으며, 미국도 이에 상응하여 중국에 대한 경제적·외교적 마찰 내지는 갈등을 줄여 가고 있는 추세이다.[14] 이러한 중미 간의 우호관계는 국제사회에서 중국이 운신할 수 있는 폭을 넓혀 주고 있으며, 따라서 북한 핵문제에 대한 중국의 개입은 중미관계를 강화하기 위한 차원에서 비롯되었다고 볼 수 있다. 제2차 북한 핵위기 발발 이후, 미국과 북한은 서로에 대한 불신으로 중국의 중재에 의존하여 상호간의 의견교환 및 협상을 준비할 수밖에 없었다. 따라서 중국의 개입은 딜레마에 빠진 미국에 대한 중국의 외교적 원조라고 할 수 있다. 그러나 중국의 외교적 협력은 그에 상응하는 대가를 유도하고 있다. 중국은 인권문제, 환경문제, 민주화문제 등 미국과의 갈등의 원인이 되는 제반 문제에서 미국의 유연한 태도를 요구할 수 있는 근거를 마련하였고, 특히 대만 천수이벤 정권의 독립지향적인 정책 추진과 같은 좀 더 핵심적이고 민감한 국가이익에 대해서는 미국의 양해를 얻어내려고 할 수 있다(You 2005, 1-3 ; Wang Jianwei 2005 ; Hachigian 2005 ; Lam 2004, 2005).

그러나 중미관계와 관련하여 중국의 변화를 이끌어 내 좀 더 직접적인 원인은 북한에 대한 미국의 선제공격 가능성이라고 할 수 있다. 2003년 초반의 상황을 살펴보면, 중국은 북한에 대한 미국의 선제공격 가능성을 상당히 두려워했을 수 있다. 당시 북한은 과거에 비하여 갈등의 수위를 상당히 높여 가고 있었고, 미국 또한 이라크전쟁 승리로 무력사용에 대한 자신감이 있었다. 특히 미국은 이라크전쟁이 조기 종결됨에 따라 '악의 축' 국가들을 응징하겠다는 강한 의지를 밝혔다. 이 같은 상황에서 중국은 미국이 핵 위협을 빌미로 북한을 다음 침공대상으로 지목했을 가능성이 상당히 높다고 인식했을 것이다(樸健一 2003b ; 張璉瑰

---

14 9·11 이후 중미관계에 대해서는 楊遠忠(2002, 3-13), 時殷弘(2001), Wu Xinbo(2004, 115-126) 참조.

2003b ; Guo 2004, 11-16). 한반도에서 무력충돌이 일어날 경우 중국은 상당히 난처한 상황에 처하게 된다. 1961년 7월에 체결한 '조중 우호협력상호원조조약'에 따라 북한과 동맹관계를 지속하고 있는 상황에서 북한이 미국과 무력충돌하게 되는 경우, 중국은 또다시 원치 않는 전쟁에 개입할 수밖에 없는 상황에 내몰리게 된다.[15] 따라서 중국의 입장에서는 북미관계가 더 악화되기 전에 북한 핵문제에 개입하여 이를 외교적으로 해결하는 것이 자국의 국가이익에 훨씬 득이 된다는 생각에서 제2차 핵위기 해결에 적극성을 띠게 되었다고 할 수 있다.

　이상에서 살펴본 것과 같이, 제1차 핵위기 때와는 달리 제2차 핵위기에 직면하여 중국은 적극적인 자세로 문제해결을 시도하고 있으며, 그 주요 방식은 6자회담을 개최하고 6자회담의 틀에서 북미 간 협상을 진행시키는 것이다. 특히 중국의 태도가 바뀐 근본 원인이 정치적 세대교체에 따른 외교전략의 변화와 북한에 대한 미국의 군사력 사용 가능성 증가라는 점임을 고려할 때, 중국이 6자회담에서 추구하는 외교적 목표도 이 두 가지 사안과 관련하여 국가이익을 확충하는 것이라고 볼 수 있다. 따라서 6자회담에 대한 중국의 외교전략은 지역안보 유지에 적극적으로 개입함으로써 강대국으로서 자국의 이미지를 제고하고, 6자회담이라는 외교적 타협을 통해 북한의 체제를 유지시키는 것이라고 볼 수 있다.

---

15 조중 우호조약과 관련하여 양국의 관계를 분석한 글은 Han(2004, 155-179) 참조. 중국은 북한과 미국 간에 전쟁이 일어날 경우 대규모 난민의 유입으로 인한 경제적·사회적 부작용을 우려하고 있으며, 군사적 충돌에 따른 직접적인 피해 외에도 경제적 번영을 바탕으로 이룩한 강대국의 이미지에 막대한 지장을 받을 것으로 예상하고 있다(Park 2003).

3. 중국의 '이중전략'과 6자회담 : 책임대국과 북한의 체제유지

중국은 현재 6자회담을 통하여 동북아시아 주변지역의 안보와 평화유지에 상당히 긍정적인 역할을 하고 있다. 그러나 6자회담에 의해 유지되는 현재의 안보와 평화는 단기적인 미봉책에 불과하다. 장기적인 지역안보를 확립하기 위해서는 북한 핵문제의 근본적인 해결, 즉 북한 핵의 완전한 제거가 필수적이다. 그러나 6자회담을 통하여 북한 핵을 완전히 제거할 수 있는가 하는 점은 아직 미지수이다. 세 번에 걸친 6자회담 개최과정을 살펴볼 때, 6자회담으로는 관련국들이 북한 핵문제를 근본적으로 해결할 수 있는 구체적인 합의나 타협의 출발선에도 이르지 못했으며, 따라서 아직까지도 6자회담으로 북한 핵문제를 해결할 수 있다는 확실한 결론을 내리기는 힘든 상황이다.[16] 물론 6자회담이 가시적인 효과를 도출하지 못하는 데에는 미국과 북한의 비타협적인 자세가 가장 근본적인 원인으로 작용하고 있다. 하지만 2003년 4월 3자회담이 개최된 이후 북한 핵문제를 돌파하기 위한 다자회담의 형태를 6자회담으로 결정하게 된 요인을 살펴보면, 6자회담은 애초부터 북한 핵문제의 근본적인 해결에 제한적인 역할밖에 할 수 없는 구조적 한계를 지니고 있었다는 점을 알 수 있다.

다자회담의 형태를 논의했던 초기에 미국은 일본과 한국이 포함된 5자회담을 주장했고, 중국은 3자회담이 지속되기를 희망했으며, 러시아는 자국이 포함된 6자회담을 주장하였다. 그러나 북한은 한·미·일이 공조체제를 형성한 상황에서 자국의 입장을 지지해 줄 러시아가 참여하기를 희망하였다. 결과적으로 한·미·일 공조체제에 대항하여 북·중·러 공조체제를 형성하거나, 최소한 자국

---

16 6자회담으로는 북한 핵문제의 근본적인 해결이 힘들다는 시각은 부시 재선 이후 미국의 대외정책에 영향을 미치는 정책전문가들(mover & shaker)에 의하여 제기되고 있다(『동아일보』 2005.1.16).

의 입지를 넓히기 위해서 러시아가 포함된 6자회담을 선호하였다. 중국도 6자회담을 주도하기 위해서는 일본에 대비되는 또 하나의 북한 지지국인 러시아의 참여를 선호하게 되었다.[17] 이와 같이 6자회담은 그 시작부터 북한 핵문제의 근본적인 해결이라는 원초적인 목표와는 상관없이 세력균형적 시각에서 6개국이 구성되었으며, 따라서 6자회담의 성격은 양자적·다자적이라고 할 수 있다. 즉 6자회담은 6개국이 모여 북한 핵문제를 논의하지만, 이중 가장 중요한 나라는 결국 미국과 북한이고, 나머지 국가들은 증인의 역할 내지는 자국의 영향력 유지를 위하여 참여하고 있다고 할 수 있다. 특히 참여하는 목적이 각기 다르기 때문에 6자회담은 시간이 지날수록 근본적인 문제해결보다는 참여국의 국가이익 추구의 장으로 전락하는 경향을 보이고 있다(Brookes 2003). 예를 들어 일본의 경우 북한 핵문제의 해결보다는 북한에 납치된 자국민의 귀환에 더 큰 비중을 두고 있으며, 러시아도 동아시아 지역에서 소외되지 않으려는 목적에서 참여하여 근본적인 문제해결에는 별 도움이 안 된다고 할 수 있다. 한국 또한 북한 핵문제의 중요한 당사국임에도 평화적·외교적 해결이라는 원칙적인 입장만을 되풀이하고 있다.

그러나 6자회담이 북한 핵 제거에 효율적인 역할을 하지 못한 보다 근본적인 이유는 중국이 6자회담에서 북한 핵문제의 해결보다는 국가이익 확보에 더 큰 비중을 두고 있기 때문이다.[18] 중국은 6자회담을 주선하면서 지역안보문제를 평화적으로 해결하기 위하여 책임감을 가지고 핵문제 해결에 참여한다는 이

유를 표면적으로 내세웠다. 하지만 중국이 실질적으로 추구하는 외교전략의 목표는 책임대국으로서의 이미지 제고와 북한의 체제유지로 요약할 수 있다.[19] 우선, 중국이 6자회담을 주도함으로써 지역안보 유지에 힘쓰는 책임대국으로서의 이미지 제고에 더 큰 비중을 두고 있다는 증거는 6자회담에 대한 중국의 태도에서 나타나고 있다. 중국은 현재 북한 핵문제는 6자회담의 형식을 통해서만 해결이 가능하다고 주장하며, 6자회담의 효율적인 운영방안을 모색하거나 참여국들의 협력을 고무하려는 노력은 소홀히 한 채 6자회담을 주최하는 자국의 역할과 노력에 대해서만 집중적으로 선전하고 있다. 즉 중국은 자국의 협력 없이는 6자회담이 이루어질 수 없다는 점을 강조하면서, 자국이 강대국으로 성장해 가며 주변지역의 평화와 안정에 노력하는 책임대국으로 변화하고 있다는 점을 6자회담을 통하여 과시하고 있다(朱峰 2003, 9-15).

아울러 6자회담을 통한 중국의 이미지 제고는 6자회담의 제도화에 대한 중국의 관심에서도 나타나고 있다. 동아시아 지역은 유럽과 달리 다자간 안보협의체가 존재하지 않으며, 그 원인은 동아시아의 구조적인 측면에서 기인한다는 것이 중국의 시각이다. 이러한 측면에서 중국은 최근에 제기된 6자회담이 관련 당사국들이 모여 동북아시아의 안보를 논의하는 협의체의 성격을 지니기 때문에 이는 동아시아의 안보유지에 상당히 긍정적이라고 강조한다. 또한 6자회담이 다자간 지역안보체제가 동북아시아에도 적용될 수 있다는 시험적 사례가 될 수 있으며, 지역 내에 평화와 안정을 보장할 수 있는 효과적인 방안이 될 수 있다고 주장한다.[20] 그러나 여기서 문제가 되는 것은 북한 핵문제 해결에 전혀 진

---

19 중국의 외교정책에서 국가 이미지의 형성 및 역할, 그리고 그러한 이미지의 수렴 혹은 분산에 대한 심층적인 연구는 Wang Hongying(2003, 46-72) 참조.

20 중국은 2003년 11월 20일 외교부 대변인 류젠차오(劉建超)의 기자회견에서 6자회담의 제도화 문제를 처음으로 제기했으며, 이후 2004년 2월 24일 외교부 대변인 장치위에(章啓月)가 이를 재확인했다. 이러한 내용은 www.people.com.cn/GB/guoji/1029/2348257.html, www.people.com.cn/GB/shizheng/1027/2201437.html 참

전이 없는 상황에서 중국이 현안에 대한 실질적인 해결방안보다 6자회담의 제도화 논의에 집중한다는 점이다. 특히 중국은 자국의 안보정책이 과거와 달리 다자간 안보협력을 긍정적으로 평가하고 있다는 점을 강조하는데, 이를 반영하여 중국의 학자들도 6자회담의 제도화 문제를 논의하면서 전통적인 부국강병론과 함께 다자간 안보협력의 효용성을 주장하고 있다(Pang 2004a, 2004b ; 唐世平 2003, 14-18 ; Choo 2003).

중국이 6자회담을 책임대국과 제도화의 측면에서 강조하는 이유는 6자회담의 제도화가 책임대국론에서 말하는 지역협력의 내용과 일치하기 때문이다. 즉 중국은 책임대국으로서 지역안보의 증진을 위하여 주변국들과 제도화된 안보협력에 적극적으로 참여해야 할 필요성이 있는데, 6자회담의 지역안보체제화 시도는 이러한 필요성을 만족시켜 주는 역할을 하고 있다. 비록 6자회담의 지역안보체제화 논의가 현 단계에서 국가에 대한 역할을 규정하는 다자간 안보체제의 신자유주의적 성향으로까지 발전하지는 못하고 있지만, 동북아시아의 안보를 위하여 다수의 국가들이 공동의 논의를 시도한다는 점에서 책임대국론에 부합한다고 볼 수 있다.[21] 중국이 6자회담의 제도화를 긍정적으로 평가하는 또 하나의 이유는 자국이 주도하는 다자간 안보협력체이기 때문이다. 중국은 역사적 경험에 비추어 서구 국가들이 주도하는 다자주의가 자국의 안보 및 국력신장에 긍정적이라는 서구의 논리를 항상 불신해 왔고, 1990년대 다자주의에 참여하는 과정에서도 다자간 체제의 주도세력이 어떤 나라인가에 따라 가입과 유보를 결정해 왔다.[22] 따라서 중국은 6자회담을 통하여 우선 시급한 현안인 북

조. 6자회담의 제도화에 대한 최근의 논의는 任曉(2005, 38-41) 참조.

21 신자유주의적 시각을 중심으로 다자간 체제와 국가의 관계를 규정하는 이론적 틀은 제도주의와 구성주의에서 다루고 있다. 중국의 국제사회 편입과정에서 제도주의와 구성주의를 분석한 연구는 Johnston and Evans(1999, 235-272) 참조.

22 이와 같은 경향을 반영하여 상하이 국제문제연구소의 장시위엔(江西元)은 북핵문제에 따른 새로운 다자

한 핵문제를 해결하고, 이후에도 이 체제를 유지하여 동북아시아 지역안보를 증진시키는 책임대국의 역할을 하려는 의도를 갖고 있다고 볼 수 있다.

6자회담이 북한 핵 제거에 효율적인 역할을 하지 못하는 또 하나의 이유는 중국이 6자회담을 통하여 북한의 체제유지에 기여하고 있기 때문이다. 6자회담은 북한 핵이라는 지역안보문제를 다자적으로 해결하려는 노력에서 시작되었고, 중국의 외교적 역량과 리더십에 의존하여 진행되었다. 중국이 6자회담을 주도하게 된 근본적인 이유는 북한에 대한 영향력이 다른 나라들에 비해 월등했기 때문이다. 중국은 탈냉전기에 사회주의 정치체제를 고수하는 인접국으로서 북한에 대한 문화적·정치적 영향력을 보유하고 있으며, 지속적으로 경제적 원조를 하고 있다는 점에서 경제적 영향력도 가지고 있다. 그러나 북한에 대한 중국의 영향력이라는 것 자체가 상당히 추상적인 개념이고 수치화하기가 불가능하기 때문에 중국이 북한에 대해 얼마만큼의 영향력을 가지고 있는지를 정확하게 입증하기가 힘들다. 따라서 이 주제에 대하여 많은 학자들은 중국이 북한에 대한 영향력이 있다는 점은 인정하나, 그것이 제한적이라는 식으로 결론을 내리고 있다.[23]

그러나 최근 북한은 외교적 고립이 점차 심화되고 중국의 원조에 대한 의존도가 높아져 가는 상황에서, 안보의 마지막 안전장치로 중국과의 동맹관계를 유지하고 있다. 따라서 북한의 입장에서는 중국의 의지 내지는 압력을 완전히 무시하기는 힘든 상황이다. 중국의 역할은 이러한 북중관계의 특수성을 이용하여 북한의 6자회담 참석을 유도하고 외교적 타협을 통하여 북한이 핵을 포기하

간 안보협력체의 형태로서 다극적 체제를 주장한다(Jiang 2003, 24-37). 다자주의에 대한 일반적인 이론은 Ruggie(1993) 참조.

23 중국의 대북 영향력에 대해서는 Horowitz(2004, 21-44) 참조. 경제적 원조를 통하여 중국이 북한에 대한 영향력을 가지고 있다는 주장은 Samuel S. Kim(2003a, 11-17), Wang Jisi(2004) 참조. 중국의 대북 영향력이 제한적이라는 주장은 Scobell(2004) 참조.

도록 설득하는 것이라고 할 수 있다.[24] 그러나 실제로 6자회담에서 중국은 다분히 미국의 책임을 강조하면서 북한의 입장을 두둔하는 자세로 일관하였다. 예를 들어 중국은 북한 핵위기가 발생한 근본 원인을 미국의 대북 안보위협 때문으로 파악했으며, 따라서 북한을 설득하여 핵을 포기시키기보다는 미국의 양보만이 북한 핵문제 해결의 선제조건이라고 강조하였다. 즉 미국이 2003년까지 경수로 발전소 2기를 건설해 주기로 한 합의사항을 이행하지 않았다는 점, 부시 행정부 출범 이후 북한을 '악의 축'으로 규정하고 선제공격 대상에 포함시켰다는 점, 그리고 김정일 정권의 교체를 도모하고 있다는 점 등을 강조하면서 미국의 위협에 직면한 북한이 1994년 미국과 체결한 기본합의서를 파기하고 핵개발을 지속할 수밖에 없었다며 오히려 정당화하고 있다.[25]

사실 북한 핵위기와 관련하여 중국은 미국과는 상반된 전략적 목표를 가지고 문제에 접근하는 경향을 보이고 있다. 2001년 9·11테러 이후 미국은 북한을 '악의 축'으로 규정하고, 북한의 핵개발을 국제사회의 안전에 대한 커다란 위협으로 간주하였다. 따라서 미국은 어떤 대가를 치르더라도 북한의 핵을 제거해야 한다는 점을 명확히 하고 있다.[26] 반면, 중국은 6자회담을 통하여 북한 핵문제의 실질적 해결보다는 자국의 국가이익 추구에 더 큰 비중을 두고 있는 듯하다. 중국은 자국의 지속적인 경제발전을 위하여 주변지역, 특히 한반도의 평화와 안정

---

[24] 이와 같은 주장은 Chen(2003, 4-10), Samuel S. Kim and Tai Hwan Lee(2002, 109-137), Scobell(2004), Shambaugh(2003, 43-56) 등이 제기하고 있다. 대한무역진흥공사(KOTRA)는 중국의 대북투자 활성화와 북·중 간 교역증가의 배경을 북한시장에 대한 중국의 장기적 선점 및 대북 영향력 증대에서 찾고 있다(대한무역진흥공사, 2005) ; 『중앙일보』(2005.2.14).

[25] 대부분의 중국 학자들은 이러한 주장에 동의한다. 그 대표적인 연구는 樸鍵—(2003a, 42-46) 참조. 장쩌민 주석도 북미 간에 긴장관계가 형성된 주요 원인을 미국의 책임으로 돌렸으며, 따라서 문제해결의 방식으로 당사자 간의 양자협상을 제시하였다(Zhu 2004, 5-10).

[26] 미국 내에서는 북한 핵문제를 처리하는 방법을 두고 온건적 주장과 급진적 주장이 양립하고 있지만, 이 두 주장은 모두 북한 핵문제의 근본적인 해결을 목표로 하고 있다(Cha and Kang 2004, 229-254).

을 필요로 한다. 중국이 현재 한반도의 평화 및 안정과 관련하여 주요한 위협으로 인식하고 있는 것은 북한의 핵개발 그 자체보다는 오히려 핵문제를 이용하여 김정일 체제의 변화, 즉 정권교체(regime change) 또는 체제변형(regime trans-formation)을 시도하고, 한국과 일본을 포함한 동아시아 지역에서 군대주둔의 명분을 강화하며, 심지어 동아시아 지역에 미사일방어(MD) 체제를 구축하려는 미국의 군사적 의도라고 할 수 있다(신상진 2004 ; 徐緯地 2003, 59-64).[27] 중국은 특히 미국이 북한 핵문제를 근본적으로 해결하기 위하여 군사력을 사용할지도 모른다는 점에 상당한 부담을 느끼고 있다. 따라서 6자회담의 목표도 미국과 북한 간의 무력충돌을 방지하여 김정일 정권을 보호하는 것이라고 할 수 있다(Guo 2004, 11-16 ; Shambaugh 2003, 44-45).[28]

중국은 북한정권의 기반이 상당히 약해서, 국내외의 작은 변화에도 붕괴될 가능성이 높다고 본다. 북한정권이 붕괴되거나 권력을 상실하게 될 경우, 중국이 단기적으로 우려하는 것은 탈북자의 증가와 이에 따른 정치적·경제적 부담의 증가라고 할 수 있다. 그러나 장기적인 차원에서 보면, 중국이 가장 우려하는 것은 한반도 세력균형의 변화이다. 중국은 북한정권의 변화에 따른 한반도 세력균형의 변화가 국익에 부정적인 영향을 미칠 가능성이 높다는 판단에 따라 북한의 정권유지를 도와 가면서 한반도 상황을 현상유지하기 위해 노력하고 있다.[29] 이러한 측면에서 중국은 동북아시아 국제관계에 큰 충돌이 없는 한 북한

---

27 김정일 체제의 변화에 대한 논의는 최근 미국 기업연구소(AEI) 연구원인 에버스태트(Nicholas Eberstadt)에 의해 제기되고 있다(Eberstadt 2004a, 2004b).

28 북한의 2·10선언 이후 헤리티지재단의 카칙(John Tkacik Jr.)은 중국이 한반도 비핵화에는 별 관심이 없고, 오히려 북한 핵문제를 미국에 대한 지렛대로 삼고 있다고 주장했다(Tkacik 2005). 전통적으로 중국은 자국이 봉쇄정책의 대상이 되었을 때 북한 카드를 사용해 왔다는 주장도 있다(Lam 2004).

29 북한 핵위기에 관한 중국의 전략적 목표에 대해서는 Shambaugh(2003, 43-56) 참조. 북한을 포함한 한반도 전역에서 중국이 추구하는 전략적 목표에 대해서는 Liu(2004, 135-154) 참조.

에 대한 정책변화를 시도하지 않을 것이며, 외부의 충격이라든지 북한정권에 변화를 줄 만한 외부의 변화를 최소화하려고 노력할 것이다.

북한 핵문제 해결에 대한 중국의 자세를 볼 때, 중국은 북한 핵 자체의 위협보다는 그로 인한 국제사회의 제재 내지는 한반도의 불안정에 더 민감하게 반응하고 있다. 중국이 지역안보를 위협하는 북한 핵문제라는 요인이 상존함에도 북한에 대하여 현상유지정책을 고수하고, 북한 핵 자체보다는 그것을 제거하기 위한 외부의 공격이 동북아의 안정과 평화에 더 큰 위협이 된다고 생각하는 이유는, 북한의 핵개발이 자국의 안보에 직접적인 위협이 되지 않는다는 생각과 함께 북한에 대한 영향력을 잃을지 모른다는 두려움 때문이다.[30] 중국은 미국의 북한 핵시설 공격 내지는 북미 간의 무력충돌, 그리고 김정일 정권의 붕괴를 가장 두려워하고 있다. 한반도에서 이러한 불미스러운 일이 발생할 경우, 중국은 한반도에서 영향력을 잃을 가능성이 높기 때문에 차라리 자국의 안보에 직접적인 위협이 되지 않는 북한의 핵개발을 용인해서라도 북한정권의 유지 및 한반도의 현상유지를 선호하고 있다. 따라서 중국은 6자회담이라는 외교적 수단을 통하여 미국의 선제공격을 차단하고 김정일 정권을 유지해 주는 역할을 한다고 볼 수 있다.[31]

---

[30] 최근 중국에서는 고구려사 왜곡을 중심으로 한 동북공정이 한창 진행되고 있다. 중국이 한국과의 관계악화를 감수하면서까지 동북공정을 강행하는 이유는 북한정권 붕괴 이후 북한 지역에 대한 자국의 영향력을 확보하기 위해서라고 알려지고 있다.

[31] 중국의 전략적 목표 및 대북정책 우선순위를 볼 때, 최우선순위에 있는 목표는 역시 북한정권의 유지이다. 전략적 목표에 북핵문제의 평화적 해결, 한반도의 비핵화, 북한의 개혁·개방 등 다양한 목표가 포함되어 있지만, 이러한 목표들은 북한정권의 유지라는 최우선 목표와 비교할 때 부차적인 항목이라고 할 수 있다 (Shambaugh 2003, 44-47).

4. 북한 핵문제와 중국의 전략적 고민 : 완충지대론 대 북한부담론

앞에서 논의했듯이 중국은 6자회담을 통하여 북한 핵의 완전한 제거를 위하여 노력하고는 있지만, 책임대국으로서의 이미지 제고와 북한 김정일 정권의 유지라는 현실적인 이익에 더 치중하는 경향을 보이면서 핵문제의 근본적인 해결에 걸림돌이 되어 왔다. 그러나 2004년 11월 부시 대통령이 재선에 성공하고 미국의 외교·안보 관련 책임자들이 강경파로 구성됨에 따라 중국은 북한문제에 대하여 미국의 공격적인 정책에 직면할 가능성이 높아졌다. 게다가 2005년 2월 10일 북한 외무성의 핵보유 선언으로 중국은 국제사회에서 더 이상 북한정권을 보호할 명분과 의지를 잃었다고 할 수 있다. 특히 북한이 6자회담에 복귀하지 않는다면 미국을 비롯한 서구의 국가들이 경제제재와 함께 북한 핵문제를 UN 안보리에 상정할 수 있고, 더 나아가 북한의 정권교체 및 정권붕괴를 지향하게 될 가능성이 높아졌다.[32] 또한 6자회담에 복귀한다 해도 북한은 과거와는 달리 실질적인 핵문제 해결의 절차를 밟아야 한다.

중국은 북한 핵문제를 6자회담의 틀에서 평화적·외교적 절차에 따라 해결하는 것이 자국의 입장에서 가장 바람직한 방향이라고 할 수 있다. 만약 북한 핵문제가 6자회담의 틀에서 해결될 수 없다면 중국은 여러 가지 심각한 문제에 직

---

[32] 부시 대통령은 재선에 성공한 이후, 외교 라인을 재구성하면서 온건 성향의 지도자로 알려진 파월(Colin Powell)에서 강경 성향의 라이스(Condoleezza Rice)로 국무장관을 교체하고, 강경 성향의 럼스펠드(Donald H. Rumsfeld)를 국방장관에 유임시켰다. 이 밖에도 백악관 국가안보회의(NSC)에 해들리(Stephen J. Hadley), 그린(Michael Green), 빅터 차 등이 기용되었고, 국무부에는 졸릭(Robert B. Zoellick)과 힐(Christopher R. Hill)이, 그리고 국방부에는 월포위츠(Paul Wolfowitz)와 롤리스(Richard P. Lawless)가 포진하게 되었다. 이들의 성향을 볼 때, 일반적으로 부시 2기 행정부의 외교 성향을 강경·보수로 평가하고 있다. 리우밍(柳明)은 북한 핵문제의 향후 시나리오를 ① 평화적으로 완전히 해결되는 경우, ② 북핵 프로그램의 부분적 동결, ③ 미사일 등 운송장치 차단을 위한 봉쇄, 경제제재, 정권교체, 붕괴 등으로 구분하였다(Liu 2004, 146-152). 중국공산당 중앙당교의 장롄궤이(張璉瑰)도 2005년 북한 핵문제의 UN 안보리 상정 및 제재 조치를 포함한 비관적인 견해를 제시하였다(『매일경제신문』 2005.1.15).

면하게 될 것이기 때문이다. 우선, 북한 핵을 포기시키려던 외교적 노력의 실패로 동북아 지역에서 안보 딜레마가 형성될 수 있다. 북한의 핵 보유 가능성이 높아짐에 따라 한국은 물론 일본과 대만까지도 핵무장 경쟁에 뛰어들 것이고, 동북아 지역의 군비경쟁이 가속화하면서 이 지역의 군사적 안정에 치명적인 타격이 올 수가 있다. 또한 대외관계 악화에 따른 북한경제의 하락으로 중국 국경지역에 탈북자가 증가할 것이고, 이는 북중 간 국경 안보는 물론 중국의 사회 불안정을 야기할 것이다.[33] 특히 2·10선언과 같이 북한이 중국의 중재자적 조언을 무시하고 6자회담 추진에 비협조적인 태도에서 더 나아가 도발적인 언동과 벼랑 끝 전술을 지속적으로 구사할 경우, 중국은 중미관계의 악화뿐 아니라 경제발전에도 치명적인 영향을 받게 된다. 게다가 이러한 상황이 악화되어 중국이 가장 우려하는 북미 간 전쟁이 발발한다면 상승국면에 있던 경제발전에 상당한 타격을 입을 뿐 아니라,[34] 한반도에서의 원하지 않는 전쟁에 또다시 참전해야 하는 위험한 상황에 놓이게 될 것이다. 따라서 중국은 향후 북한 핵문제를 6자회담의 틀에서 확실히 처리해야 하며, 이를 위해 6자회담에서 최소한의 가시적인 성과가 나오도록 노력해야 한다.

그러나 향후 6자회담에서의 가시적인 성과를 바탕으로 북한 핵문제를 근본적으로 해결하기 위해서는 중국이 궁극적으로 북한에 대한 인식을 전환해야 한다. 북한 핵의 존재 및 해체방안에 대하여 미국과 북한 간에 의견 차이가 분명하고 양자 간 의견조율 가능성이 희박한 상황에서 중국의 대북인식 전환은 북한 핵문제를 해결하겠다는 강력한 의지를 반영하기 때문이다. 지난 수년간 대북정책과 관련하여 중국에는 두 가지 시각이 공존해 왔는데, 완충지대론(the buffer

---

[33] 안보 딜레마와 관련된 동북아시아 안보문제에 대한 논의는 Christensen(1999, 49-80) 참조.
[34] 선지루(沈驥如)는 향후 한반도에서 전쟁이 일어난다면 이는 중국의 GDP를 10~20% 정도 떨어뜨릴 것으로 예측한다(沈驥如 2003, 53-58).

zone school)과 북한부담론(the liability school)이 그것이다(Scobell 2004, 1-3). 완충지대론은 북한이 잘못된 의도와 예측하기 어려운 모험을 감행하는 경향을 보이는 것은 사실이지만, 북한의 전략적 중요성을 고려할 때 중국은 북한에서의 전쟁발발을 미연에 방지하고 북한의 정권을 연장하는 데 적극 협력해야 한다는 점을 강조한다. 전쟁에 의한 북한의 정권교체는 북중 간의 국경을 중심으로 중국과 미국이 대치하는 상황을 초래할 수 있다. 또 압록강과 두만강을 중심으로 미국과 대치하는 상황에서 대만문제와 관련하여 중미 간에 무력대립이 발생하면, 중국은 눈앞에 적대세력을 주둔시키는 불리한 상황을 맞을 수 있다(You 2005, 1-3). 따라서 완충지대론은 중국이 지난 55년간 외교적·군사적으로 가장 피하고자 했던 시나리오인 동시에, 대북정책 결정과정에서 오랫동안 안보의식의 기본 틀이 되었던 논리라고 할 수 있다.

그러나 최근 전통적인 완충지대론에 도전하는 새로운 학설이 중국 내에서 점차 설득력을 얻고 있다. 이는 북한부담론으로 요약할 수 있는데, 그 내용은 북중관계에서 이해득실을 따져 볼 때 북한은 현재 중국에게 이익이 되기보다는 손해가 된다는 것이다. 즉 북한이 경제개혁을 이룩하거나 경제회생에 성공할 가능성이 희박하다고 보고, 김정일 이후 정권의 계승문제가 북한사회에 정치적 격변을 몰고 올 가능성이 높다고 본다. 더욱이 시간이 지남에 따라 북한에 대한 미국의 압력이 더욱 거세질 것이고, 북중 간에 전략적 이해관계가 상이하게 발전할 것이며, 북한 핵문제에서 드러났듯이 중국이 북한을 다루는 데 점차 어려움을 호소하게 된다는 것이다. 이들은 시기는 알 수 없지만 북한의 체제붕괴가 필연적이라는 데에 동의하며, 중국이 이러한 가능성에 발 빠르게 대응해야 한다고 주장한다. 또한 6자회담 협상과정에서 중국의 대북 지지가 신중해야 하고 조건적이어야 함을 강조한다.[35] 이들은 중국사회 전체를 놓고 볼 때 아직까지 소수에 불과하고, 정책결정에 미칠 수 있는 영향력도 거의 전무한 수준이다. 그러나 과거와 비교할 때 이러한 주장이 공식적인 출판물에 게재되고, 이들과 인

식을 같이하는 사람들이 늘고 있다는 점은 상당히 고무적이라고 할 수 있다.[36]

이 두 가지 이론을 비교해 볼 때, 완충지대론은 단순히 한반도의 현상유지를 추구하는 반면, 북한부담론은 북한문제의 신속한 해결이 중국의 국익에 부합한다는 점을 강조한다. 현재 6자회담에 임하는 중국의 태도는 완충지대론과 북한부담론을 절충하는 성격을 띠고 있다. 즉 6자회담을 개최하는 과정에서 중국은 미국과의 협력강화를 중시하고 북한에 대한 압력을 가속화하는 북한부담론적 태도를 보이지만, 6자회담을 통해 중국이 추구하는 목적을 살펴보면 완충지대론적 측면이 지배적이다. 중국은 일단 6자회담을 통하여 미국의 대북압력을 완화하고 미래를 대비할 시간을 벌며, 그 사이에 북한의 경제적 개혁·개방을 도모하는 방향으로 북한의 근본적인 변화를 꾀하는 것으로 보인다. 중국은 북중관계로 인해 중미관계가 손상되는 것을 막기 위하여 일차적으로는 한반도 및 북한 핵문제의 현상유지를 지속하는 선에서 최대한의 이익을 확보하는 동시에, 미래의 변화에 대비한 전략을 모색하고자 할 것이다.[37]

따라서 6자회담을 통하여 북한 핵문제를 근본적으로 해결하기 위해서는 중국의 지도자들이 전통적인 완충지대론에서 벗어나 북한부담론적 시각을 적극적으로 수용해야 한다. 즉 중국의 정책결정자들과 다수의 지도자들이 북한 핵문제의 근본적인 원인이 북한에 있음을 인정하고, 북한이 핵을 포기하도록 대

---

35 대표적인 학자로 중국사회과학원 세계경제정치연구소의 선지루, 톈진사회과학원의 왕종원, 런민대학의 스인홍을 들 수 있다(沈驥如 2003, 53-58 ; 王忠文 2004, 92-94 ; 時殷弘(2003). 이 밖에도 중국에는 이러한 입장을 표명하는 학자들이 다수 포진해 있는데 대표적으로 베이징대학의 주펑(朱峰), 톈진난카이대학의 팡중잉(龐中英) 등을 들 수 있다(You 2001, 387-398).
36 현재 북중관계는 과거의 혈맹관계에서 보통국가 관계로 전환하고 있다. 스코벨(Andrew Scobell)은 현재의 북중관계가 과거에 비해 상당히 약화되었다는 점을 강조하면서 중국의 입장에서는 북한이 더 이상 입술(lips)이 아니라 빨갛고(red), 비싸며(expensive), 효과도 의심스러운(questionable quality) 립스틱(lipstick)이라고 주장한다(Scobell 2004, 18-45).
37 6자회담과 향후 북중관계의 변화에 대해서는 朱峰(2003, 9-15) 참조.

152

내외적 상황을 조성해야 하며, 미국과 긴밀한 협력관계를 유지해야 한다. 이러한 인식변화가 이루어지기 위해서는 북한의 전략적 가치와 북중관계에 대한 재평가가 필요하다. 중국이 진정한 책임대국이 되기 위해서라도 북한 핵문제에 대한 전향적인 조치가 뒤따라야 할 것이다.

5. 결론

북한 핵문제를 해결하기 위하여 시작된 6자회담이 세 차례나 열렸음에도 별다른 성과를 내지 못했던 상황에서 북한의 돌발적인 핵보유 및 6자회담 참가 거부 선언은 6자회담 참여국들에게 큰 충격을 준 사건이었다. 특히 그 동안 북한 핵문제를 평화적·외교적으로 해결하기 위하여 외교력을 집중했던 중국의 입장에서는 전통적으로 중국이 강조해 왔던 한반도 비핵화와 북한 핵문제의 평화적 해결이라는 자국의 외교적 원칙에 정면으로 도전하는 북한에 대해 강한 배신감을 느꼈을 것이다. 또 국제사회는 중국이 북한을 설득하여 6자회담에 참여하게 하고, 6자회담 내에서 북한이 핵을 포기하도록 상황을 조성해 주기를 기대했었다. 그러나 세 차례에 걸친 6자회담은 북한 핵 제거라는 원래의 목표를 달성하지 못한 채 종결되었고, 제4차 회담의 개최 여부조차 결정하지 못하고 있는 상황에서 북한의 돌발적인 2·10선언은 6자회담과 중국의 역할에 대한 회의적인 견해를 촉발시키는 계기가 되었다.

물론 북한의 선언에도 불구하고 6자회담 참여국들이 북한 핵문제의 평화적 해결을 여전히 선호하고, 따라서 6자회담에 의한 핵문제의 해결구도가 계속 유지될 것이라는 기대 속에서 국제사회의 초점은 중국의 역할로 집중되고 있다. 일단 6자회담의 재개가 중국의 역할에 달렸고, 또 6자회담이 북한 핵문제를 근본적으로 해결할 수 있는 장으로 전환되기 위해서도 중국의 역할은 매우 중요하다. 기존의 6자회담이 별다른 성과를 내지 못한 원인으로 6자회담에 대한 중국의 접근법 및 태도를 지적할 수 있다. 중국은 6자회담의 틀에서 북한 핵문제를 해결하려는 의지보다 지역안보를 위하여 6자회담을 주도한다는 점을 국제사회에 선전하는 데 더 적극적인 모습을 보였다. 또 북한 핵문제의 근본적인 원인이 북한의 핵개발에 있음에도 그 책임을 미국으로 돌리면서 문제해결을 지연시키는 듯한 태도를 보였다. 중국은 북한에 대한 미국의 양보 내지는 우선 조치가 문제해결의 실마리를 제공한다고 주장하면서 핵개발을 주도하고 있는 북한정권을 옹호하는 듯한 모습을 보였다. 따라서 북한 핵문제의 해결에 6자회담이 별다른 역할을 하지 못하는 원인은 중국의 태도 및 외교전략에 있다고 볼 수 있다.

따라서 6자회담을 활성화하여 북한 핵문제를 해결하기 위해서는 북한정권 및 북한 핵에 대한 중국 지도부의 인식전환이 필요하다. 북한의 전략적 가치 내지는 북중관계의 중요성을 절대적인 원칙으로 간주하고 완충지대론적 시각을 유지하는 것은 북한과 중국, 그리고 양측의 미래에 별다른 도움이 되지 않는다. 그러나 중국이 북한부담론을 수용하여 북한에 대한 다양한 분석을 시도하고, 북중 간의 특수한 외교관계를 일반적인 외교관계로 변화시켜 북한을 새로운 방향으로 유도한다면 북중관계는 오히려 더 발전적인 관계로 나아갈 수 있을 것이다. 중국에 대한 북한의 의존도가 심화되고 있는 시점에서 중국이 북한에 대해 전향적인 태도를 보인다면, 중국이 주도하는 6자회담에서 북한 핵문제가 평화적으로 해결될 가능성이 훨씬 높아진다고 할 수 있다.

제8장

중국의 다극화 전략, 다자주의 외교, 동북아 안보

1. 서론

현대 중국의 외교에서 다극화 전략은 1990년대 초 냉전의 종식과 함께 등장하였다. 다극화 전략은 제2차 세계대전 종결 이후 45년 동안 국제질서를 지배해 왔던 양극체제가 무너지고 국제사회가 새로운 국제체제를 모색하는 과정에서 미래의 국제사회를 평화와 안정으로 이끌기 위한 하나의 대안으로 등장하게 되었다. 양극체제 중심의 냉전적 국제질서는 미국과 소련의 균형적 대립으로 안정적인 국제사회를 유지하는 데는 상당히 기여했으나, 극심한 이념적 대립과 상호 간 외교적 고립으로 인하여 국제사회의 자유로운 인적·물적 교류를 근본적으로 차단하는 부정적인 역할을 하기도 했다. 그러나 소련과 동유럽의 체제변환 및 붕괴의 바람을 타고 반세기 동안 국제질서를 주도해 왔던 냉전이 종식되자, 국제사회에서는 새로운 질서수립의 변화가 일기 시작하였다. 그 변화는 한편으로는 미국이 세계 유일의 초강대국으로 등장하면서 미국 중심의 일극 패권체제를 형성해 가고, 또 한편으로는 중국, 일본, EU, 러시아 등 강대국들이 중심이 되어 다극체제를 형성해 가는 서로 상반되는 이중적 구조로 요약할 수 있다.

이와 같은 조류를 반영하여 국제정치학계에서는 국제체제의 형태와 국제사회의 안정 관계를 평가하는 연구가 진행되어 왔다. 특히 국제정치의 현실주의 이론은 양극체제를 가장 안정적인 국제체제로 규정해 왔던 전통적인 시각에서 벗어나,[1] 양극체제 이후 대표적인 국제체제로 자리 잡은 다극체제와 일극체제에 대한 안정성 여부를 검토하게 되었다. 다극체제와 일극체제 중 어느 쪽이 국제사회의 안정에 더 기여할 수 있는지에 대해서는 아직도 논쟁이 계속되고 있지만, 일극체제와 다극체제가 공존하는 21세기 국제체제를 고려할 때 이러한 체제가 어떠한 형태로 발전해 갈 것인가에 대한 관심이 고조되고 있다. 미국을 위시한 서구 선진국들은 일극체제에서도 안정적인 국제질서를 유지할 수 있다고 주장하면서(Wohlforth 1999, 5-41), 국제사회는 앞으로 미국 중심의 일극체제로 발전할 것이라고 강조한다. 반면, 중국을 비롯한 다른 국가들은 다극체제가 일극체제보다 훨씬 더 안정적이며, 향후 국제질서도 다극체제 중심으로 발전할 것이라고 주장한다(Deutsch and Singer 1964, 390-406).

여기서 특히 주목할 점은 국제사회에서 정치·경제·외교·군사적으로 급부상하고 있는 중국이 미래의 세계평화와 안정을 보장하는 국제질서의 형태로 다극체제를 선호하고 있다는 점이다. 중국은 미국 주도의 일극체제와 다수의 강대국이 상호작용하는 다극체제가 공존하는 현재의 일극-다극 국제체제를 과도기적 체제로 인식하고 있으며, 이는 결국 다극체제로 수렴되면서 국제사회의 평화와 안정을 가져올 것이라고 믿고 있다(Pillsbury 2000). 1990년대 이후로 중국은 일관되게 다극화를 주장하고 있으며, 다극화의 전제조건으로 세계 유일의 초강대국인 미국이 점차 그 영향력과 힘, 그리고 능력을 상실하여 일본, EU, 중국, 러시아 등과 동등한 수준의 강대국으로 자리매김할 것이라는 점을 강조한다(何芳 1996, 319).[2] 그렇다면 중국은 왜 다극체제를 선호하는가? 또 다극체제에 대한 선호가

---

1 양극체제가 다극체제보다 더 안정적이라는 주장은 Waltz(1964, 881-909 ; 1979) 참조.

실제 중국의 외교에서 어떻게 표면화되고 있는가? 그리고 이러한 중국의 외교전략이 동북아시아 안보질서에 어떤 영향을 미치는가? 이와 같은 문제제기에서 시작하여 이 글에서는 중국의 다극화 전략을 분석하기로 한다.

2. 중국의 다극화 전략과 국제질서의 변화

중국이 다극체제를 선호하는 주요 원인은 세계 유일의 초강대국으로 부상한 미국에 대한 견제에서 비롯된다고 볼 수 있다. 다극화를 주장하는 중국 내 연구들을 분석해 보면, 불확실한 미래의 세계질서에 대하여 다음과 같은 예단을 내리고 있다. 첫째, 미국의 쇠락을 현재진행형의 필연적인 현상으로 보고 국제사회에서 미국의 영향력이 지속적으로 제한될 것이라고 주장한다. 둘째, 따라서 미국, 중국, 일본, 러시아, EU 등으로 구성된 5극 다자체제가 필연적으로 출현할 것이라고 내다본다. 셋째, 제3세계의 부상을 예견하면서 이들 국가가 국제사회를 변화시키는 가운데 미국의 영향력을 지속적으로 제한할 것이라고 주장한다. 넷째, 국지전의 확산을 예견하고 있다. 즉 과도기적 체제에서 '평화와 발전'이 대세를 이루는 것은 사실이지만, 그 과정에서 국가들 간의 국지적인 갈등이 필연적으로 증가할 것이라고 주장한다.[3]

2 미국에서도 미래의 국제질서 형태로 다극체제를 예측하는 주장들이 있다. 이와 같은 주장에 대해서는 Krauthammer(1990/1991, 23-33), Nye(1990, 235) 참조.
3 이러한 주장은 다극체제에 대한 중국 내의 논쟁에서 나타나고 있다(楊達舟 1997, 41-45 ; 黃正基 1997, 1-3). 1990년대 중·후반부터 시작된 다극화 논쟁은 2000년대에 와서도 계속 이어지고 있다. 이에 대해서는 俞遂(2004, 15-20), 沈國放(2003, 39-41), 秋石(2004, 12-15) 참조.

　따라서 중국이 주장하는 다극화의 핵심적인 요소는 미국의 포괄적 국력(comprehensive national power)의 쇠락에 따른 다른 강대국들과의 균형 있는 경쟁과 발전이라고 할 수 있으며, 이들 간의 견제와 균형 속에서 국제사회의 평화와 안정을 도모할 수 있다고 강조한다. 그러나 이들의 예측과는 달리 1990년대 중반 이후 미국의 포괄적 국력은 다른 강대국들에 비해 그다지 쇠락하지 않았으며, 따라서 다극화를 향한 국제체제의 변화속도도 상당히 더딘 양상을 나타내게 되었다(肖煉 1999). 특히 1999년 유고슬라비아 베오그라드 소재 중국대사관에 대한 미국의 오폭으로 야기된 코소보사건 이후 중국의 학자들은 다극화가 자신들의 예측과는 다른 방향으로 진행되고 있음을 인정하기 시작하였다(王祖訓 1999, 8-10). 즉 코소보사건은 미국의 국력, 특히 군사력이 쇠락하지 않았음을 증명하는 계기가 되었고, 미국이 국력을 유지하는 한 중국이 예측했던 다극체제의 형성은 상당 기간 지체될 수밖에 없다는 것을 보여 주었다.

　중국의 학자들은 다극체제의 형성이 지체될 수밖에 없는 또 하나의 이유로 다른 강대국들이 아직까지 독자적으로 미국을 응대할 수 있는 역량을 축적하지 못했다는 점을 지적한다. 예를 들어 EU는 정치적·군사적으로 독립적인 행동능력을 보유하지 못했으며, 이 부분에 대해서는 상당 부분 NATO에 의존하고 있기 때문에 미국은 이러한 약점을 이용하여 미국과 EU 사이의 협력적 패권에 기초한 일극체제의 수립을 시도하고 있다고 주장한다.[4] 그러나 또 다른 학자들은 다극체제의 형성이 지체된다고 해서 일극체제 수립이 가능한 것도 아니고, 더구나 미국의 일극체제가 강화되는 것은 아니라며 반발하고 있다. 이들은 세계가 다극체제를 향해 발전해 가는 것은 불가피한 역사의 조류이며, 따라서 다극

---

4 정치적·군사적으로 독립적이지 못하다는 측면에서 보면 일본도 EU와 같은 입장이라고 볼 수 있다. 이와 같은 주장은 중국사회과학원 세계경제정치연구소의 선지루가 제기하였다(沈驥如 1999).

체제의 형성이 지체되는 것을 새로운 국제체제의 형성이 늦어지는 것으로 이해하고 있다(肖楓 1999a, 1999b).

그러나 중국 지도부와 엘리트들의 예측과 상관없이 미국은 냉전 종식 이후 국력을 꾸준히 신장시켜 오고 있다. 특히 군사력에서 미국은 다른 강대국들이 감히 경쟁할 수 없는 수준에까지 올라선 것으로 평가되고 있다. 예를 들어 2007년 미국의 국방예산이 5,489억 달러로 이는 전 세계 모든 국가들의 국방예산 총액의 절반에 해당한다.[5] 또한 미국은 경제력에서도 다른 강대국들에 비해 상당히 앞서가고 있다. 물론 미국이 무역적자 및 재정적자, 의료보험, 범죄, 교육체계, 소득불균형 등 대내외적으로 상당히 많은 문제를 안고 있는 것은 사실이다. 그러나 2004년 미국의 GDP 증가율은 4.4%로 중국을 제외한 다른 선진국들에 비해 결코 뒤지는 수준이 아니다. 오히려 경제성장, 기술혁신, 생산성 및 R&D 분야에서는 아직까지 다른 강대국들에 비해서 비교우위를 가지고 있다고 볼 수 있다(Wang Jisi 2005).

미국의 상대적 우월성은 군사력과 경제력 같은 하드파워에서뿐 아니라, 문화적 가치나 정책적 합리성과 같은 소프트파워에서도 증명되고 있다.[6] 미국의 소프트파워는 특히 냉전 이후 전 세계를 풍미하고 있는 세계화 조류를 따라 전 세계로 확산되는 경향을 보이고 있다. 세계화란 전 세계 모든 국가들을 민주주의 시장경제국가로 변화시키는 것을 일컫는다.[7] 민주화와 시장경제는 모두 서구적 문화와 가치를 반영한 정책이므로 세계화의 확산은 곧 국제사회에서 서구(특히 미국)의 문화, 규범, 가치에 대한 모방 및 존중이 강해진다는 것을 시사하며 미

---

5 공식적인 통계는 백악관 홈페이지(www.whitehouse.gov/omb/budget/fy2008/defense.html) 참조.
6 최근 소프트파워에 대한 인식이 상당히 확산되어 가고 있다. 소프트파워의 개념 및 역할, 그리고 파급효과 등에 대해서는 Nye(2004) 참조.
7 세계화의 개념 및 그 역할에 대해서는 Kugler and Frost(2001) 참조.

국의 소프트파워가 국제사회에서 점차 인정받고 있음을 의미한다고 볼 수 있다.

이처럼 미국은 냉전 종식 이후 줄곧 자국의 국력신장에 충실했으며, 미국의 국력이 유지됨에 따라 중국의 기대와는 달리 국제체제도 다극체제보다는 일극체제로 발전하는 경향을 보이게 되었다. 국제질서가 일극체제로 자리 잡아 가고 있다는 것이 본격적으로 증명된 사건이 2001년 9·11테러라고 할 수 있다. 알카에다의 테러에 의하여 뉴욕 심장부에 자리한 세계무역센터가 붕괴되자, 미국은 대테러 전쟁을 수행하고 국제사회에서 안보의식을 강화하였다. 또 전 세계 국가들을 미국의 정책을 지지하는 반테러 국가와 미국의 정책에 반대하는 테러지원국으로 양분하기 시작하였다. 테러라는 반인륜적인 범죄를 놓고 찬성과 반대를 명확히 해야 하는 상황에 직면하자, 전 세계 대부분의 국가들은 반테러 정책의 방향과 수단에 상관없이 미국의 정책을 지지하게 되었다.[8]

9·11테러 이후에 나타난 미국의 이러한 일방주의적 외교행태는 결국 탈냉전기 또는 21세기 국제체제를 다극체제가 아닌 일극체제로 발전시키는 계기가 되었다. 또 미국의 정책에 반대하는 것은 곧 테러지원국이라는 이분법적 인식 속에서 대다수 국가들은 미국의 일극체제를 지지하기에 이르렀다. 중국도 9·11테러 이후 미국과의 상호관계에서 쌍방의 관계증진을 도모하기 위해 상당한 노력을 기울였으며, 그 결과 어느 정도의 관계진전을 경험하였다. 그러나 이 과정에서 중국도 자국의 선호도와는 상관없이 미국의 일극체제 형성에 소극적으로나마 일조하는 역할을 했으며, 다른 강대국들은 미국의 일극체제 형성에 동조하면서 그에 대한 반대급부로 자국의 국가이익을 증진시키기도 하였다(Shambaugh 2004, 197-210).

---

8 9·11테러 이후 국제사회의 반응과 국제질서의 변화에 대해서는 『인터내셔널 시큐리티』(*International Security*)의 9·11테러 기획 참조. Carter(2001/2002, 5-23), Heymann(2001, 24-38), Posen(2001, 39-55).

이와 같은 21세기 국제질서의 변화에 대한 중국의 대응을 좀 더 체계적으로 설명하기 위해서 국제정치이론을 적용하여 분석해 보면 다음과 같다. 우선 현실주의 국제정치이론에서는 부상하는 강대국에 대한 중국의 대응을 밸런싱(balancing), 기존의 강대국에 대한 도전(challenging), 그리고 기존 체제에 대한 순응(accommodation)으로 요약한다(Roy 2003, 57-78). 사실 냉전 종식 이후 현재까지 다극체제를 가장 바람직한 국제질서로 인식하고 있는 중국은 탈냉전기에 유일한 강대국으로 부상하면서 일극체제를 공고히 하고 있는 미국에 대항하기 위하여 위의 세 가지 방법을 혼합적으로 사용해 오고 있다. 그러나 현재 미국과 중국 간의 국력 차이를 고려할 때, 중국이 미국에 정면으로 도전하는 것은 비현실적인 예측이라고 볼 수 있다. 또한 미국에는 못 미치지만 중국은 적어도 아시아 지역에서는 부상하는 강대국으로 상당한 지명도를 유지하고 있다. 이러한 상황에서 자존심 강한 중국이 미국에 무조건적으로 순응한다는 것은 상상하기 힘든 일이다. 따라서 중국이 미국의 일극체제에 대항하여 사용할 수 있는 대안은 밸런싱뿐이다.

일반적으로 세력균형적 시각에서 한 나라가 자국의 경제적·군사적 국력향상을 바탕으로 부상하는 경우, 일반적으로 그 주변국 또는 경쟁국들은 강대국의 부상에 따른 대응으로 밸런싱을 택하게 된다. 밸런싱은 내적 밸런싱과 외적 밸런싱으로 나눌 수 있다. 내적 밸런싱이 적의 부상에 자극을 받아 자국의 경제력·군사력 및 국내 자원을 동원하여 그에 대항하는 것을 뜻한다면, 외적 밸런싱은 다른 나라와 공식 또는 비공식 동맹관계를 수립하는 것을 말한다.[9] 중국의 경우, 전 세계 유일의 패권국으로 급부상한 미국에 대항하여 내적 밸런싱 능력을 확충

---

9 밸런싱이란 갈등과정에서 좀 더 위협적이거나 좀 더 강력한 편을 적으로 놓고 이에 대항하는 것을 뜻한다 (Walt 1987).

하는 데 상당한 시간이 소요되기 때문에 다른 나라와의 동맹관계 내지는 관계강화를 내용으로 하는 외적 밸런싱 이가장 적합한 대안으로 남게 된다.[10]

그러나 현실세계에서는 이론과 정반대의 현상들이 일어나고 있다. 21세기 강대국이라고 할 수 있는 미국, 러시아, 중국, EU, 일본의 관계를 볼 때, 이론적으로 미국의 초강대국화는 자연히 나머지 강대국들의 외적 밸런싱(동맹)을 조성하게 된다. 그러나 현실세계에서는 미국의 독주를 견제하기 위해 강대국 간의 동맹이 강화되기보다는 미국의 독주에 보조를 맞추어 자국의 국가이익을 도모하는 편승(bandwagoning)이 난무하고 있다.[11] 예를 들어 일본의 경우, 미국의 지위를 전적으로 인정하면서 9·11테러 이후 미국의 대테러 전쟁을 충실히 이행했으며, 미국 중심의 국제사회에서 자국의 국가이익을 확보하고 미국과의 전략적 공조를 강화하고 있다. 러시아, EU, 중국도 일본과 같이 명백하게 편승정책을 추구하는 것은 아니지만 미국과 우호관계를 지속하기 위하여 외교적 노력을 집중하고 있다(Skanderup 2002 ; Glosserman 2006).

이렇게 미국의 일극체제가 공고해짐에 따라 국제사회의 강대국 사이에서 밸런싱보다 편승현상이 더욱 뚜렷하게 나타났으며, 국제질서도 다극체제보다는 일극체제에 더욱 근접해 가는 경향을 보이기 시작하였다. 게다가 미국은 국력이 쇠락해 가기는커녕 더욱 강력해지는 경향을 보였다. 이에 따라 그 동안 다극화를 추구해 오던 중국은 자국의 다극화 전략을 수정하거나, 아니면 다극화를 향한 자국의 정책을 수정할 수밖에 없었다. 이런 가운데 1990년대 중반부터는 국제체제를 통하여 국제사회의 정치·경제·안보·문화 등 제 분야에서 질서가 수립되고 개별 국가에 대한 통제가 강화되기 시작하였다. 따라서 중국은 다

---

10 전통적인 형태의 내·외적 밸런싱과 관련된 정책은 봉쇄전략이다. 봉쇄정책에 관해서는 Gaddis(1982) 참조.
11 편승에 대한 심층적인 분석은 Schweller(1994, 72-107), Waltz(1979, 126) 참조.

자주의적 접근법을 도입하여 미국의 독주 또는 일극체제가 공고해지는 것을 어느 정도 견제하면서 다극체제를 수립하려는 의도를 나타내게 되었다.

3. 중국의 다극화 전략과 다자주의 외교

21세기 국제사회가 미국의 독주체제로 공고화하고 다극체제로의 변화 가능성이 점차 희박해지자, 중국은 다극화를 향한 자국의 전략을 바꾸기 시작하였다. 특히 중국은 국제사회에서 미국의 국력 약화 내지는 영향력 약화에 초점을 맞추어 21세기 국제질서의 대세로 자리 잡아 가는 다자주의를 통한 다극화 실현에 상당한 노력을 기울여 왔다. 다자주의란 다자간 국제체제를 통하여 개별 국가를 통제하는 방식으로, 각국의 이익을 국제체제의 규범과 규율에 맞게 구속하거나, 아니면 학습을 통한 사회화에 따라 국가이익을 변화시키는 것을 가리킨다. 여기서 국가이익의 구속은 제도주의적 접근법을 도입하는 것을 뜻하며, 사회화 과정에 의한 국가이익의 변화는 구성주의적 접근법의 차용을 뜻한다.

사실 1990년대 초반까지 중국은 자국의 이익에 따라 다자간 국제체제에 대하여 선별적·차별적으로 참여하며 활동의 수위를 조절해 왔다(Yahuda 1997, 6-26 ; Wang Jianwei 1999, 83). 중국이 다자간 국제체제에 선별적·차별적으로 참여한 이유는 다수의 강대국에 의하여 국가이익이 잠식당할 수 있다는 상당히 방어적인 차원에서 참여 결정이 이루어진데다, 자국의 이익에 확실히 부합하는 경우에만 참여를 결정했기 때문이라고 할 수 있다(Wang Jianwei 1999, 73-96). 중국이 다자간 국제체제에 참여하기를 유보했던 가장 직접적인 요인으로 체제 내 지도력을 들 수 있다. 미국은 세계 최강대국의 지위를 이용하여 다수의 다자간 국제체제에 상당한 영향력을 행사하면서 지도력을 발휘하고 있다. 중국은 이러한 미국의 주도적 영향력을 우려하여 다자적 국제체제에 참여하는 데 신중함을 나타내곤 하였다. 그러나 중국은 1994년부터 다자간 안보체제에 대한 태도에 변화를 보이면서, 아시아태평양 지역의 안보를 협의하기 위해 설립된 ARF, CSCAP 등의 지역안보체제에 가입하여 활동을 시작했을 뿐만 아니라, CTBT, NPT 등과 같은 국제안보기구에도 참여하여 적극적인 활동을 하고 있다.[12]

중국이 여기에 참여하게 된 배경은 이들 국제체제가 미국의 주도권을 제한하는 운용방식을 택했기 때문이다. 중국이 다자주의에서 가장 매력을 느끼는 부분은 다수의 국가들이 미국의 주도권을 제한할 수 있다는 점이다. 중국과 ARF의 관계에서 나타난 것과 같이, 중국은 다자주의 활동을 통하여 제도주의자나 구조주의자들이 주장하는 구속 내지는 사회화 과정을 밟아 가기보다는 국제체제가 규정하는 규율과 규범의 법적인 효력을 무력화시키고 국가에 대한 국제체제의 제재력을 제한하는 형태로 지역 국제체제의 구조를 변화시켜 가고 있다. 특히 중국은 아세안적 방식의 운용을 통하여 미국과 같은 강대국이 국력을 바탕으로 체제 내에서 영향력을 행사하는 것을 구조적으로 제한하면서, 오히려 자국이 선호하는 방향으로 국제체제를 변화시키는 태도를 보여 왔다. 사실 냉전 종식 후 미국의 부상이 가시화되고 있는 상황에서 미국 주도의 일극체제가 공고해지는 것을 막을 수 있는 유일한 방법은 다자주의적 국제체제 내에서 미국의 영향력을 제한하는 것이다. 다자주의 체제 내에서 미국은 이론적으로 여러 회원국들 중 하나일 뿐이며, 따라서 다수의 회원국들이 미국의 역할이나 영향력에 저항하는 경우 미국도 일방적으로 행동하기 힘들어진다. 결과적으로 중국의 다자주의 활동을 살펴볼 때, 탈냉전기 국제사회에서 밸런싱으로 다극체제

------

12 ARF와 CSCAP에 대한 중국의 참여 및 활동에 대해서는 Johnston and Evans(1999, 235-272) 참조. 중국과 CTBT의 상관관계에 대해서는 차창훈(2003/2004, 109-132) 참조.

를 추구하는 것이 비현실적이라는 결론에 도달한 중국은 다자간 국제체제 내에서 미국의 영향력을 제한하는 방식으로 일극체제의 공고화를 저지한다고 볼 수 있다.

4. 중국의 다자주의와 동아시아/한반도의 안정

21세기에 들어서면서 중국의 다자주의 외교는 새로운 시도를 하고 있는 듯하다. 중국은 자국이 새로운 강대국으로 부상하고 이를 국제사회에서 인정받기 위해서는 강대국의 면모를 지닌 책임대국으로 거듭나야 한다는 점을 인식하고, 책임대국으로 발전하기 위해 다각적인 노력을 기울이고 있다.[13] 특히 다자적 국제체제에 가입하여 국제사회에 좀 더 포괄적으로 진입하는 것이 자국의 이미지 제고에 유리하다고 계산하여 다양한 국제체제에서 활동하고 있으며 그 역할도 점차 늘려 가고 있다. 그러나 중국은 다자간 국제체제 내에서 미국의 일방적인 영향력 강화를 견제하고 미국 주도의 일극체제가 공고해지는 것을 구조적으로 막는 전략에서 한 걸음 더 나아가, 다자간 국제체제를 주도적으로 조직하고 이를 통하여 자국이 국제질서에서 하나의 축을 형성하는 전략을 구사하고 있다.

그 예로 러시아, 키르기스스탄, 타지키스스탄, 카자흐스탄, 우즈베키스탄, 중국 등 6개국이 참여하는 상하이협력기구 및 북한 핵문제 해결을 위한 6자회담을 들 수 있다.[14] 특히 2002년 11월 제2차 북한 핵위기가 시작된 이후, 중국을

---

13 중국의 책임대국론에 대해서는 한석희(2004a, 191-210) 참조.
14 상하이협력기구에 대해서는 中國現代國際關系研究所 民族與宗教研究中心(2002), Beehner(2006), 상하이협력기구 공식 웹사이트(www.sectsco.org) 참조.

중심으로 동북아시아 5개국(한국, 북한, 미국, 일본, 러시아)이 모여 북한 핵문제를 평화적으로 해결하려고 노력하는 6자회담은 중국이 다자주의를 주도할 정도로 성숙한 강대국이 되었음을 증명하려는 시도로 볼 수 있다. 2003년 8월에 시작된 6자회담은 2007년 2월까지 모두 다섯 차례에 걸쳐 개최되었다. 그 과정에서 6자회담은 북한의 미사일 실험(2006년 7월 5일)이나 북한 핵실험(2006년 10월 9일)과 같은 안보위기를 겪기도 했지만, 2005년 9월 19일 6개국의 공동성명을 이끌어 내고, 2007년 2월 13일 9·19 공동성명 이행계획에 합의하는 등 외교적 성과를 거두기도 하였다.[15]

　　기본적으로 중국이 6자회담을 통하여 추구하고자 하는 목표는 여러 가지가 있지만, 그 중 가장 중요하게 생각하는 것은 한반도의 평화와 안정 유지 및 한반도의 비핵화이다.[16] 전통적으로 중국은 한반도의 지리적 인접성과 지정학적 중요성을 고려하여 한반도를 전략적 요충지로 인식해 왔다. 또 한반도가 중국 이외 다른 강대국의 영향력 아래 놓이는 것을 심각한 안보위협으로 간주하고, 모든 수단을 동원하여 한반도를 자국의 영향력 아래 두려고 노력하였다.[17] 중국은 1978년 개혁·개방이 시작된 이후에도 한반도의 전략적 중요성을 인식했으며, 특히 한국과 수교가 이루어진 1992년 이후부터는 확대된 외교적 범위를 바탕으로 한반도 전체에 대한 영향력을 확대하는 데 심혈을 기울이고 있다. 1990년대 이후 중국이 한반도의 평화와 안정을 추구하는 근본적인 이유는 대내외의 평화

---

15 6자회담에 대한 포괄적인 분석은 신상진(2005, 29-54), 한석희(2005, 175-200) 참조. 2006년 10월 북한 핵실험 이후 진행된 6자회담에 대해서는 International Crisis Group(2006a), Liu(2006).
16 중국의 대한반도 정책 목표에 대해서는 International Crisis Group(2006b, www.nautilus.org/fora/security/0610.pdf), Shambaugh(2003, 43-56) 참조.
17 중국의 전통적인 대(對)한반도관을 베데스키(Robert E. Bedeski) 교수는 다음과 같이 표현한다. "중국의 대한반도 정책은 자신이 이 지역을 지배하든 아니면 다른 세력이 지배하는 것을 방해하는 것이다"(China's policy toward Korea has been either to dominate it or to deny it to another power), (Bedeski 1995, 516).

와 안정유지가 지속적인 경제발전을 도모하는 데 필수적이기 때문이다. 특히 개혁·개방이 본격화하면서 중국공산당 지도자들은 자신들의 정치적 정당성을 사회주의 경제발전의 견인차 역할로 재규정하여, 지속적인 경제발전을 사회주의 체제유지의 핵심 요소로 인식하고 있다.[18]

그러나 1990년대 중반 이후, 특히 1994년 김일성 사망 이후 북한의 김정일 정권은 한반도의 평화와 안정에 가장 위협적인 요소로 등장하여 중국의 대외관계에 골칫거리가 되고 있다. 경제파탄과 그에 따른 탈북자 증가, 핵개발과 인권 문제 및 정권의 붕괴 가능성 등과 같은 북한의 대내외적 문제들은 중국의 경제와 안보에 상당한 위협으로 인식되고 있다. 따라서 중국 정부는 적극적인 자세로 이러한 문제들을 처리해 가고 있다. 중국이 이러한 문제에 특별히 관심을 보이는 이유는 이 문제들이 잘못 처리될 경우 한반도의 평화와 안정에 직접적인 위협이 될 수 있기 때문이다. 특히 북한 핵문제는 한반도뿐 아니라 동북아시아 전체의 안보에 영향을 미칠 수 있는 심각한 문제이기 때문에 중국이 적극적으로 나서고 있는 것이다. 그러나 한반도의 비핵화 및 평화와 안정이라는 두 가지 정책목표 중에서 중국은 비핵화보다는 평화와 안정에 정책적 비중을 두고 있다. 즉 한반도의 안정과 평화가 유지되는 조건에서만 한반도의 비핵화를 추구하며, 한반도의 비핵화를 위해서 한반도의 평화와 안정을 희생시키는 행위는 결코 용납하지 않는다는 것을 원칙으로 하고 있다.[19]

중국은 한반도의 비핵화를 위해서 북한에 대한 군사공격을 감행한다든지 김정일 정권을 제거함으로써 핵문제를 해결하려는 대북 강경정책에 대해 반대

---

18 중국공산당의 통치 정당성은 "공산당이 없으면 새로운 중국도 없다"(沒有共産黨, 沒有新中國)는 구호에서도 잘 나타난다.

19 중국의 대북정책에 대해서는 You(2005), Wang Jianwei(2005), Shambaugh(2003, 43-56), Hachigian (2005), Lam(2004) 참조.

의사를 분명히 하고 있다. 특히 중국은 김정일 정권의 붕괴 또는 북한 내부의 정치적 혼란에 대하여 상당한 우려를 나타내고 있다. 북한 내부에서 일어나는 어떠한 경우의 불미스런 변화도 중국의 경제와 안보에 부정적인 영향을 미친다는 판단에 따라 이러한 문제들이 확대, 발전되지 않도록 미연에 방지하는 전략을 구사하고 있다. 이러한 대북정책 방향을 고려하여 중국이 북한 핵문제 해결에 가장 적합한 방안으로 제시해 온 것이 6자회담이다. 따라서 중국은 6자회담을 통하여 한반도의 비핵화 및 한반도의 평화와 안정이라는 두 가지 목표를 동시에 추구하면서도, 자국의 이익에 따라 한반도의 비핵화보다는 한반도의 평화와 안정에 더 큰 비중을 두고 있다. 다시 말해 중국은 6자회담을 통하여 북한 핵문제를 평화적·외교적으로 해결하기 위해 노력하고 있지만, 그보다 더 중요한 목표는 6자회담을 이용하여 북한정권에 대한 외부의 압력을 차단하고 북한정권을 유지시키는 것이라고 할 수 있다.[20]

중국은 북한 핵문제 해결의 유일한 방안으로 6자회담을 강조한다. 6자회담만이 평화적·안정적으로 북한 핵문제를 해결할 수 있다고 주장하며, 그 밖의 다른 대안에 대해서는 현재로서는 전혀 고려하고 있지 않다. 중국이 6자회담에 외교적 중요성을 부여하고 있는 이유를 다음 세 가지로 요약할 수 있다.

첫째, 6자회담은 다자간 협의체이기 때문이다. 냉전 종식 이후 중국은 대외관계에 대한 태도를 바꿔 다자간 체제에 적극적으로 참여해 오고 있다. 북한 핵문제에서도 중국은 6자회담이라는 다자간 협의체를 통하여 다수의 국가들과 책임을 공유하고 미국의 일방주의적인 문제해결 방식을 저지하려는 의도가 있

---

20 중국의 입장에서 본 6자회담의 의미에 대해서는 Wang Yiwei(2005, 35-48), 張璉瑰(2003a), 樸健一(2004) 참조. 북한 핵문제에 대한 중국의 정책적 우선순위를 논의한 연구는 Wu Anne(2005, 35-48) 참조. 중국공산당 중앙당교 교수인 장롄궤이는 6자회담의 성공조건에 대해 자신의 의견을 제시하였다(『동아일보』 2007.2.5).

는 것으로 보인다.[21]

둘째, 6자회담이 중국 주도로 이루어지고 있기 때문이다. 6자회담 개최의 최대 관건은 북한을 회담에 참석시키고 핵을 포기하도록 유도하는 것이다. 그러나 6자회담 참가국 중 북한을 설득하여 6자회담에 참석하도록 영향력을 행사할 수 있는 나라는 중국밖에 없다. 중국은 6자회담 참여국 중 북한과 가장 밀접한 관계를 가지고 있는 나라이며, 북한에 대한 정치·경제·외교적 영향력을 이용하여 북한을 6자회담 테이블로 유도하는 역할을 하고 있다. 특히 중국은 아직도 북한에 상당한 원조를 제공하고 있으며, 중국의 원조는 김정일 정권의 유지에 중추적인 역할을 하고 있다.[22] 그러나 북한에 대한 중국의 영향력은 근본적으로 제한적일 수밖에 없다. 자국의 전략적 중요성을 명확히 인식하고 있는 북한은 중국의 막대한 원조에도 불구하고 중국의 압력으로부터 독립성을 유지하고 있으며, 중국 또한 내정불간섭 원칙에 따라 북한에 대한 압력을 자제하고 있다. 그럼에도 6자회담의 개최 및 진행은 중국의 역할에 의지하고 있으며, 중국은 이러한 구조적 특수성을 이용하여 6자회담에 자국의 이익을 충분히 반영할 수 있는 위치에 있다.[23]

셋째, 6자회담이 평화지향적이기 때문이다. 최근 중국은 국제사회, 특히 동아시아에서 자국의 평화적 역할을 적극적으로 증진시켜 가고 있다. 국제사회에서 중국이 평화를 사랑하는 국가로 전환하게 된 원인은 중국의 대내외적 상황에

---

21 다자간 협의체에 대한 중국의 태도에 대해서는 Johnston and Evans(1999, 235-272), Johnston(1999, 287-324), 한석희(2002a, 373-391) 참조.
22 최근 북중 간의 무역량이 급증함에 따라 중국에 대한 북한의 경제적 의존도가 더욱 높아지고 있다. 통계에 따르면 중국에 대한 북한의 경제적 의존도는 10.6%에서 52.6%로 높아졌다(金英姬 2006, 30-36).
23 중국과 북한의 관계, 특히 북한에 대한 중국의 영향력에 대해서는 다음을 참조. Samuel S. Kim(2001, 371-408), You(2001, 387-398; 2005, 1-3), Samuel S. Kim and Tai Hwan Lee(2002, 109-137), Shambaugh (2003, 43-56) ; Han(2004, 155-179), Scobell(2004, www.carlisle.army.mil/ssi/pdffiles/PUB373.pdf) ; ICG(2006b).

서 찾아볼 수 있다. 우선, 대내적 원인은 후진타오의 부상과 밀접한 관련이 있다. 2002년 제16차 당대회에서 최고지도자에 오른 후진타오 주석은 전임 장쩌민 주석과의 정책적 차별화를 도모하는 과정에서 책임대국의 기치를 높이 들고 있다. 즉 중국이 강대국으로 부상하면서 그에 걸맞은 국제적 역할을 하고 있음을 강조하고, 특히 주변지역의 안보증진과 평화유지에 심혈을 기울이고 있다는 점을 부각시키고 있다. 또한 대외적으로 후진타오 주석은 지난 10여 년 동안 중국을 괴롭혀 왔던 중국위협론을 완화시켜야 하는 상황에 직면해 있다. 중국의 부상을 세계체제에 대한 도전 내지는 지역안보에 대한 위협으로 파악하는 중국위협론자들을 상대로 후진타오 주석은 중국의 평화적 부상(和平崛起) 내지는 평화적 발전(和平發展)을 강력하게 부각시킬 뿐 아니라 실제 이를 뒷받침할 만한 긍정적 행위를 보여 주어야 했다. 이와 같은 대내외적 요인으로 중국은 6자회담을 주도적으로 이끌고 있으며, 자국의 역할을 국제사회에 적극적으로 선전하고 있다.[24]

이와 같이 중국의 입장에서 보면 6자회담은 중국의 국가이익을 충분히 반영하는 다자간 안보협의체이다. 한반도의 비핵화보다는 한반도의 안정과 평화에 더 포괄적인 가치를 부여하고 있는 중국은 한반도의 비핵화를 강조하는 미국의 일방주의를 구조적으로 견제하고, 북한과의 특수한 관계를 바탕으로 자국의 리더십을 강화하며, 북한 핵문제의 평화적 해결을 상징하는 6자회담에 전략적 중요성을 부여하고 있다. 따라서 2006년 10월 북한 핵실험 이후에도 중국은 여전히 6자회담에 외교적 비중을 두고 있는데, 이러한 외교적 태도는 상당 기간 지속될 것으로 보인다.

---

24 중국의 주변지역 안보에 대한 논의는 許嘉(2003), Zhao(2004, 256-275) 참조. 후진타오의 외교적 특징을 화평굴기와 책임대국을 중심으로 분석한 연구는 한석희(2004c, 203-229) 참조.

5. 결론 : 다자주의 외교와 중미관계의 미래

냉전 종식 이후 중국이 다극화 전략에 관심을 가지기 시작한 까닭은 국제사회에서 미국의 패권적 독주를 막고 다수 강대국들의 견제와 균형 속에서 자국의 위상을 제고하기 위해서라고 볼 수 있다. 중국은 초강대국으로 부상하는 미국에 대해서 밸런싱, 도전, 그리고 순응의 세 가지 대안 중에서 밸런싱을 통한 도전을 택하고 있는 듯하다. 그러나 미국이 국력신장의 한계에 도달하여 중국, 러시아, EU, 일본과 비슷한 수준의 강대국으로 자리매김할 것이라던 중국의 예측과는 달리, 2001년 9·11테러 이후 미국의 초강대국화는 상당한 진전을 이루었으며, 군사력·외교력·경제력 측면에서 미국은 명실상부한 세계 최강대국으로서 지위를 확고히 하였다. 이러한 상황에서 중국은 대외관계의 방향을 수정하여 다자주의적 참여와 활동을 통해 미국의 패권주의 견제를 다극화 전략의 목표로 삼게 되었다.

중국은 미국을 비롯한 서구 강대국들이 규정한 책임대국이 되기 위하여 다자간 국제체제에 가입하여 활동해 오고 있었다. 그러나 21세기 들어 중국은 좀더 적극적인 방식으로 책임대국화를 강조하기 위하여 자국의 주도 아래 다자간 국제체제를 설립하고 이를 주도해 나가는 태도를 보이고 있다. 최근 중국이 적극성을 보이고 있는 상하이협력기구와 6자회담을 그 예로 들 수 있다. 특히 이 두 기구에서 중국이 공통적으로 보여주는 태도는 자국이 두 기구를 주도하고 있다는 점과 두 기구가 주변지역의 안보와 관련이 있다는 점이다. 중국은 최근 전통적인 대국 중심의 외교노선에서 주변국 중심의 외교노선으로 비중을 옮겨가며, 이 과정에서 다자주의를 중심으로 한 주변국의 외교채널인 이 두 기구에 대한 외교적 비중을 상당히 높인 상태이다.

이와 같은 외교적 태도의 근저에는 미국에 대한 중국의 도전의식이 깔려 있다. 냉전 종식 이후 상당 기간 국제사회에서는 미국을 포함한 국제사회에 대한 중국의 태도에 많은 관심을 가져 왔다. 즉 현존하는 패권국인 미국에 대해 중국이 어떻게 인식하고 있는지 의문을 가지며, 중국을 위협으로 규정하는 그룹과 파트너로 규정하는 그룹으로 나뉘어 논쟁을 벌여 왔다. 현재까지 중국이 보여준 외교적 태도로 볼 때, 중국은 현존 세계질서를 전복하려는 혁명적 위험감수자는 아니지만, 그렇다고 유일한 패권국인 미국에 협력하는 자세를 보이지도 않는다. 중국의 대미정책을 분석해 보면, 중국은 근본적으로 미국에 도전하려는 의식이 있는 것으로 보인다. 그러나 그 방식이 전쟁이나 물리적 강제가 아닌 평화적·외교적 방식이어서 국제사회에서 상당한 지지를 받을 수 있다.

따라서 다자주의에 대한 인식전환, 다자간 국제체제 가입 및 활동, 그리고 책임대국을 위한 이미지 제고와 같은 중국의 새로운 외교적 태도는 외교적 방식(전략)의 변화일 뿐, 미국의 패권에 대한 도전을 포기한 것으로 평가하기에는 시기상조이다. 중국은 겉으로는 '도광양회'나 '영불위두'를 외치면서 미국에 대한 도전 가능성을 일축하고 있지만, 그것은 다만 미국과의 국력 차이를 감안한 잠정적인 전략일 따름이다. 그리고 중국이 영원히 이 전략을 고수하리라는 보장은 없다. 중국은 앞으로도 다자간 국제체제에서 활동하며 자국의 이미지를 제고하고 체제 내에서 주도적 위치를 차지하기 위하여 노력할 것이다. 어떤 이들은 이를 국제사회의 규범과 규칙에 대한 중국의 구속 내지는 사회화 과정이라고 주장하지만, 중국이 진정으로 변화하여 미국의 패권 내지는 주도권을 인정한다는 것은 요원한 일이라고 할 수 있다.

참고문헌

권기수·김봉석. 1996. "1990년대 중국의 대한반도 정책",『한국정치학회보』, 제30권 1호.

김석수. 1999. "ASEAN 국가들의 대중국 관계에 관한 연구 : ASEAN의 중국위협론을 중심으로", 한국정치학회 춘계학술회.

김유은. 2004. "북핵문제에 대한 중국의 입장 : 6자회담을 중심으로",『中蘇研究』, 제28권 3호(통권 103호).

김재철. 1997. "中國威脅論의 한국적 의미",『國防學術論叢』, Vol. 11, No. 1.

_____. 2002. "中國의 '第4世代 指導部' : 새로운 정치엘리트?" 이면우 편,『정치 엘리트 연구, 2002 : 中國, 일본, 러시아를 중심으로』(세종정책총서).

김주영. 2001. "한국의 대중국 투자 10년의 평가와 전망",『수은해외경제』, 제21권 8호.

김태호. 2003. "중국 신지도부의 성향분석과 대중 군사외교 방향", 한국국방연구원 연구보고서, 안03-1900(6월).

_____. 2003. "중국의 16차 당대회 : 신지도부 인사내용과 함의",『新亞細亞』, vol. 10, no. 1(6월).

김현진. 2002. 9. "일본의 '중국위협론' 논의", 삼성경제연구소 연구보고서(9월),www.seri.org.

대한무역진흥공사. 2005. "중국의 對北투자 熱氣, 그 의미는?", www.kotra.or.kr(2월).

문흥호. 1999. "중국의 21세기 한반도 정책과 한중관계",『국제정치논총』, 제39권 2호.

_____. 2003. "北韓 核問題에 대한 中國의 基本認識과 政策基調",『中蘇研究』제27권 3호.

박인휘. 2001. "중국과 동북아 국제관계 : 중국의 대외정책 분석과 지정학적 특성",『中蘇研究』, 통권 제89호.

변창구. 1996. "탈냉전과 아세안의 다자안보대화 : ARF의 현황과 전망",『國際政治論叢』, 제36집 2호.

신상진. 2004. "중국의 북핵 6자회담 전략 : 2차 6자회담 이전까지", 한국협상학회 동계학술대회 발표 논문.

_____. 2005. "중국의 북핵 6자회담 전력 : 중재 역할을 통한 영향력 강화",『국가전략』, 제11권 2호.

연세대학교 사회과학연구소. 2001.『한국사회 제문제와 대학생의 의식구조 : 2001년 전국 대학생 의식조사』.

외교통상부. 2002.『외교백서』, www.mofat.go.kr/ko/info/board_list.mof?b_code=board_2 (2003년 3월 29일 검색).

유진석. 2001a. "경제대국 중국의 급부상과 대응", *CEO Information*, No. 284, 삼성경제연구소, www.seri.org.

_____. 2001b. "중국이 몰려온다", *CEO Information*, No. 302, 삼성경제연구소, www.ser

i.org.

______. 2001c. "중국의 올림픽 유치와 한국경제에 미치는 영향", 삼성경제연구소 연구보고
　　서, www.seri.org.

유현석. 1998. "APEC를 중심으로 하는 아태지역경제협력의 가능성 : 제도주의적 접근", 『한
　　국과 국제정치』, 제14권 1호.

이　근. 1998. "보이지 않는 영향력, 보이는 갈등 : 인식공유체(epistemic community) 시각
　　과 교토 지구온난화 방지회의", 『國際政治論叢』, 제38집 1호.

이동률. 2000. "탈냉전기 중국의 동남아 외교 : 전략과 목표", 『中蘇硏究』, 통권 제87호.

______. 2001. "중국 민족주의가 대외관계에 미치는 영향", 『國際政治論叢』, 제41집 3호.

이종석. 2000. 『북한-중국관계 : 1945~2000』, 서울 : 도서출판 중심.

이혜정. 2002. "웨스트팔리아와 국제관계의 근대성 : 러기의 비판적 이해", 『國際政治論叢』,
　　제42집 2호.

전재욱, 최의현. 1999. "中國의 WTO 가입이 韓中 경협에 미치는 영향", 『세계경제』, 제2권
　　5호.

정상은. 2002. "한중 수교 10년의 회고와 과제", CEO Information, No. 362, 삼성경제연구
　　소, www.seri.org.

정재호. 2000. "중국의 부상, 미국의 견제, 한국의 딜레마", 『新東亞』.

조영남. 2003. "중국 '제4세대' 지도자의 등장과 엘리트 정치", 『계간 사상』 (2003년 가을
　　호).

주재우. 2002. "다자간협력체에 대한 중국의 입장과 정책 변화 : 상해협력기구와 '10+1'의
　　구상을 중심으로", 『현대중국연구』, 제4집 2호.

차창훈. 2003/2004. "중국과 포괄적 핵실험금지조약 : 중국의 협상전략과 규범수용을 중심
　　으로", 『中蘇硏究』, 통권 제100호.

한국무역협회. 2003. 『中國의 對韓輸入規制動向과 展望』.

한석희. 2001. "부시의 대중정책 변화와 미중관계 : 전략적 경쟁관계를 중심으로", 『東西硏
　　究』, 제13권 1호.

______. 2002a. "ARF와 중국 : 중국의 안보적 구속에 대한 논의", 『國際政治論叢』, 제42집 4
　　호.

______. 2002b. "탈냉전기 중미관계에 있어서 중국 민족주의의 역할", 『中蘇硏究』, 제26권
　　3호.

______. 2003. "중국의 경제적 부상에 대한 한국의 새로운 시각", 『한국정치학회보』, 제37
　　집 3호, 289-309.

______. 2004a. "중국의 책임대국론 : 서구와 중국의 인식적 차이를 중심으로", 『國際政治
　　論叢』, 제44집 1호.

______. 2004b. "중국의 부상과 동아시아 질서변화 : 중국 제4세대 지도부의 화평발전 전략
　　을 중심으로", 『新亞細亞』, 제11권 3호.

______. 2004c. "중국의 신지도부 등장과 對한반도 전략변화 : 和平崛起와 責任大國의 제2

차 북핵문제에 대한 함의", 김주찬 등,『9.11 이후 국제환경변화와 남북한』서울: 오름.

______. 2004d. "중국의 신안보 개념(新安全觀): 다자간 안보에 대한 중국의 협력 가능성과 한계",『국제지역연구』, 제8권 1호.

______. 2005. "'6자회담'과 중국의 딜레마",『國際政治論叢』, 제45집 1호.

한홍렬. 2001. "중국의 WTO 가입이 아태지역 개도국의 수출에 미치는 영향",『中蘇研究』, 제25권 3호.

"朝鮮半島核問題大事記". 1990~1994.『當代亞太』, 第3期.

江澤民. 2002. "全面建設小康社會, 開創中國特色的社會主義事業新局面: 在中國共產黨第十六次全國代表大會上的報告(11月 8日)",『十六大報告: 新思想新論斷新擧措專題讀本』, 北京: 研究出版社.

季崇威. 1992. "中韓建交促進東北亞的和平,穩定,合作和發展",『當代亞太』, 第5期.

郭震遠. 2005. "中國的和平發展道路與前景",『國際問題研究』, 第1期.

宮少朋·朱立群·周後朋 主編. 1998.『冷戰侯國際關係』, 北京: 世界知識出版社.

金明善·張東明. 2001. "韓國金融危機探討",『當代亞太』, 第1期.

金熙德. 2001a.『中國的東北亞研究』, 北京: 世界知識出版社.

______. 2001b. "南北峰會以來的朝鮮半島局勢",『當代亞太』, 第10期.

金英姬. 1997. "韓國企業文化淺議",『當代亞太』, 第6期.

______. 1998a. "韓國大企業集團爲何接連倒閉?",『當代亞太』, 第1期.

______. 1998b. "韓國金融危機及其對我國的啓示",『當代亞太』, 第2期.

______. 1998c. "韓國新總統金大中: 終於開花的政壇忍冬草",『當代亞太』, 第4期.

______. 1998d. "韓國的敎訓及相關思考",『當代亞太』, 第10期.

______. 1999a. "文人執政以來韓國對北政策的失誤",『當代亞太』, 第9期.

______. 1999b. "中韓友好合作伴關係發展的回顧與展望",『當代亞太』, 第11期.

______. 2000. "朝鮮外交戰略的轉變: 實現朝韓首腦會談的關鍵因素",『當代亞太』, 第7期.

______. 2006. "近期中朝雙邊貿易狀況及其快速發展的原因",『當代亞太』, 第10期.

盧新德. 1999. "韓國經濟率先全面復蘇的原因",『當代亞太』, 第8期.

______劉曉欣. 1995. "韓國外貿體制改革的經驗及其對我國的啓示",『世界經濟與政治』, 第7期.

______邵志勤. 2002. "論中日韓自由貿易區的建設",『當代亞太』, 第12期.

唐世平. 2001. "再論中國的大戰略",『戰略與管理』, 第4期.

______. 2003. "中國的崛起與地區安全",『當代亞太』, 第3期.

唐任伍·章文光. 1999. "韓國外債管理的經驗敎訓",『當代亞太』, 第4期.

陶炳蔚. 1993. "金永三就任韓國總統與朝鮮半島的局勢",『國際問題研究』, 第2期.

董健. 2002.『超越國家』, 北京: 當代世界出版社.

鄧小平. 1993.『鄧小平文選』, 第3券, 北京: 人民出版社.

梁守德. 2001. "冷戰後國際政治中人權與主權的關係", 『國際問題研究』, 第2期.

劉建飛. 2004. "鄧小平對美政策思想與中國大戰略：評〈鄧小平與美國〉", 『美國研究』, 第4期, www.cass.cn/meiguosuo/show/show_mgyj.asp?id=934&table =mgyj.

劉金質. 1998. 張敏秋, 張小明, 『當代中韓關係』, 北京：中國社會科學出版社, 1998.

劉振民. 2005. "當代國際秩序與中國的和平發展道路", 『國際問題研究』, 第1期.

馬維野 主編. 2003. 『全球化時代的國家安全』, 武漢：湖北教育出版社.

聞嶽春. 1996. "韓國貨幣市場的交易工具", 『當代亞太』, 第4期.

樸健一. 1998a. "論金融危機對韓國經濟的影響", 『當代亞太』, 第5期.

______. 1998b. "韓國經濟危機的走向", 『當代亞太』, 第7期.

______. 2000. "朝韓首腦會談和朝鮮半島局勢", 『當代亞太』, 第7期.

______. 2001a. "解讀朝鮮：建設主體的社會主義強盛大國", 『當代亞太』, 第6期.

______. 2001b. "90年代以來中國朝鮮半島研究狀況", 『當代亞太』, 第8期.

______. 2001c. "布什政府的對朝政策及其影響", 『當代亞太』, 第10期.

______. 2002. "中韓建交10年來政治與外交關係述評", 『當代亞太』, 第8期.

______. 2003a. "北京六方會談與朝鮮核問題前景", 『當代亞太』, 第10期.

______. 2003b. "朝鮮, 下一個打擊目標?", 『領導文粹』(7月)..

______. 2004. "朝鮮核問題：美國大選後的可能走向", www.cass.net.cn/yataisuo/xueshuwz/showcontent.asp?id=299.

______韓春愛. 2001. "俄羅斯對朝鮮半島政策評述", 『當代亞太』, 第12期.

方長平. 1999. "陽光政策與朝鮮半島南北關係", 『當代亞太』, 第5期.

龐中英 主編. 2002. 『全球化, 反全球化與中國：理解全球化的複雜性與多樣性』, 上海: 上海人民出版社,

______. 2003. "和平崛起：關鍵在'平和'", 『南方周末』3月 25日.

______. 2004. "和平崛起：關鍵在'和平'", 『南方周末』, 3月 25日.

範振洪. 1999. "21世紀初期中韓經濟合作展望", 『當代亞太』, 第12期.

範振洪·姚東方. 2002. "推進韓國企業在山東投資的對策", 『當代亞太』, 第11期.

史敏. 1999. "面向21世紀的中日韓經濟合作", 『當代亞太』, 第1期.

謝益顯. 1999. 『現代中國外交史想史』, 開封：河南大學出版社.

徐堅. 2004. "和平崛起是中國的戰略抉擇", 『國際問題研究』, 第2期.

徐文吉. 2001. "日朝關係的發展及其意義", 『東北亞論壇』, 第1期.

徐緯地. 2003. "朝鮮半島核危機的化解與半島走出冷戰", 『世界經濟與政治』, 第9期.

徐學銀·朱憲. 1999. "評新幹涉主義", 『現代國際關係』, 第8期.

石勇敏. 1998. "東盟地區論壇餘豫防外交", 『國際問題研究』, 第2期.

______陳子舜. 2003. 『中國國際戰略』, 北京：人民出版社.

成雪峰. 2001. "試論東盟對建立亞太安全體制的影向", 『當代亞太』, 第1期.

蘇科五. 2002. "中韓貿易逆差持續增長的原因及對策", 『當代亞太』, 第1期.

孫魯軍. 1993. "中國同韓國經貿關係的發展與前景", 『當代亞太』, 第4期.

孫玉璽 等. 2000. "朝鮮半島石破天驚", 『世界知識』, 第12期.

時殷弘. 2001. "9·11事件與美國對外態勢", 『美國研究』, 第4期, www.cass.cn/meiguosuo/
    show/show_mgyj.asp?id=186&table=mgyj.

______. 2002. "全球化潮流中的國家", 『戰略與管理』, 第4期.

______. 2003. "朝鮮戰爭元本是可以避免的", news.sohu.com/90/02/news211550 290.html
    (7月 28日).

楊達舟. 1997. "對冷戰後世界格局之我見", 『和平與發展』, 第6券 2號.

楊伯江 等. 2001. "朝鮮半島緩和進程中的東北亞地區形勢", 『現代國際關系』, 第1期.

陽成緒 主編. 2002. 『新挑戰 : 國際關係中的人道主義幹預』. 北京 : 中國青年出版社.

楊遠忠. 2002. "九一一事件對國際戰略態勢的深刻影", 『當代亞太』, 第3期.

於美華. 1997. "新時期美, 日, 俄對朝鮮半島政策特點及其走勢", 『現代國際關係』, 第1期.

______戚保良. 1999. "喜憂參半的朝鮮半島形勢", 『現代國際關係』, 第1期.

餘逸群. 1993. "韓國經濟勝飛的秘訣之一 : 發展教育", 『當代亞太』, 第3期.

閻學通. 1997. 『中國國家利益分析』, 天津 : 天津人民出版社.

______. 2000. "中國面臨的戰略安全環境", 『世界知識』, 第3期.

______. 2004. "和平崛起與保障和平 : 簡論中國崛起的戰略與策略", 『國際問題研究』, 第3
    期.

______ 等. 1999. 『中國與亞太安全 : 冷戰後亞太國家的安全戰略走向』, 北京 : 時事出版社.

葉祥松. 1996. "韓國國有企業管理體制改革及其啓示", 『當代亞太』, 第4期.

葉自成. 2000. "中國實行大國外交戰略勢在必行 : 關於中國外交戰略的幾點思考", 『當代
    亞太』, 第1期.

倪健民·陳子舜. 2003. 『中國國際戰略』, 北京 : 人民出版社.

吳德烈. 1997. "中韓經貿關係現況", 『當代亞太』, 第4期.

汪冰. 1996. "韓國的信息產業與信息高速公路建設", 『當代亞太』, 第3期.

王少普. 2001. "朝鮮半島穩和進程與東北亞局勢", 『國際觀察』, 第3期.

王義桅. 2004. "和平崛起的三重內涵", 『環球時報』(2月 13日).

王逸舟. 2000. "三大需求 : 發展, 主權與責任", 『世界知識』, 第5期.

______. 2003. 『磨合中的建構 : 中國與國際組織關係的多視角透視』, 北京 : 中國發展出版
    社.

______主編. 1999. 『全球化時代的國際安全』, 上海 : 上海人民出版社.

王祖訓. 1999. "科索沃戰爭對國際安全形式的影響", 『了望』, 5月 17日 第20期.

王忠文. 2004. "以新視角審視朝鮮問題與東北亞形勢", 『戰略與管理』, 第4期.

虞少華. 1994. "金永三執政以來的韓國內政外交", 『國際問題研究』, 第3期.

______. 1997. "朝鮮半島形勢的發展與前景", 『國際問題研究』, 第4期.

______. 1999. "東北亞形勢的新特點", 『國際問題研究』, 第3期.

______. 2000. "南北首腦會談後的朝鮮半島", 『國際問題研究』, 第5期.

______. 2001. "朝美關係的新回合", 『國際問題研究』, 第6期.

______ 吳晶晶. 1999. "曲折發展的朝鮮南北關係", 『國際問題研究』, 第1期.
院宗澤. 2004. "中國和平崛起發展道路的理論探討", 『國際問題研究』, 第4期.
魏憲朝. 2000. "全球化與國際關係行爲體的職能變化", 『社會科學』, 第7期.
劉名軍. 2000. "朝鮮加入東盟地區論壇及其意義", 『當代亞太』, 第10期.
俞新天. 2001. 『國際形勢年鑒』, 上海: 上海教育出版社.
______. 2004. "認識和避免當今的衝突與戰爭: 中國和平發展的戰略選擇", 『國際問題研
        究』, 第6期.
俞正梁 等. 2000. 『全球化時代的國際關係』, 上海: 複旦大學出版社.
陸鋼·郭學堂. 2004. 『中國威脅誰?: 解讀中國威脅論』, 上海: 學林出版社.
陸建人. 1993. "韓國大企業集團的形成, 發展與特點", 『當代亞太』, 第5期.
陸忠偉 主編. 2003. 『非傳統安全論』, 北京: 時事出版社.
李敦求. 1998. "金大中政府與世紀之交的中韓關係", 『國際社會科學情況』, 第3期.
李相文. 1993. "韓國政府在經濟發展中的作用", 『當代亞太』, 第1期.
______. 1998. "韓國國有企業及其民營化", 『當代亞太』, 第4期.
李少軍. 2003. "國際核不擴散體制與中國", 王逸舟 主編, 『磨合中的建構: 中國與國際
        組織關係的多視角透視』, 北京: 中國發展出版社.
李小華. 1999. "解析'中國威脅論'與'中國崩壞論'的神話", 『當代亞太』, 第11期.
李愛華. 1997. 『走出冷戰: 世界大勢與中國對外戰略』, 濟南: 濟南出版社.
任會中. 1997. "韓國對外債的管理", 『當代亞太』, 第2期.
任曉. 2005. "六方會談與東北亞多邊安全機制的可能性", 『國際問題研究』, 第1期.
張國平·王壽春. 1993. "韓國技術引進的回顧, 前瞻與思考", 『當代亞太』, 第2期.
張嵐. 1999. "冷戰後國際人權法的不平等適用", 『現代國際關係』, 第10期.
張麗東·章前明 主編. 2000. 『當代國際關係概論』, 上海: 上海人民出版社.
張璉瑰. 2003a. "良好開端,任重道遠-寫在朝核問題六方會談結束時", 『世界知識』, 第18
        期, www.shijie.org/article/sjzs200318/ 2008.html.
______. 2003b. "朝核問題又要升級?", 『世界知識』, 第12期, www.shijie.org/article/sjzs
        200312/1826.html.
張業亮. 2004. "布什政府對朝政策與朝核危機", 『美國研究』, 第1期, www. cass.cn
        /meiguosuo/show_mgyj.asp?id=32&table=mgyj.
張玉山. 2001. "朝日關係的現實與未來", 『東北亞論壇』, 第3期.
張捷. 1994. "韓國證券市場的發展及我國的啓示", 『當代亞太』, 第3期.
全克林. 2003. "六方會談後的朝美角力", 『世界知識』, 第19期, www.shijie.org/ article/sjzs
        200319/2038.html.
丁奎松. 1998. "東盟地區論壇與亞太安全合作", 『現代國際關係』, 第7期.
丁詩傳·李強. 1999. "朝鮮半島和平機制及其前景", 『現代國際關係』, 第4期.
程玉潔. 1998. "韓國新總統金大中", 『世界知識』, 第2期.
______. 2000. "朝韓首腦會談與朝韓關係", 『現代國際關係』, 第7期.

______ 等. 2001. "朝鮮半島最新形勢評析", 『現代國際關係』, 第7期.
程玉潔·戚保良. 2000. "朝鮮半島新變化及其發展趨向", 『現代國際關係』, 第1-2期.
鄭必堅. 2004. "中國和平崛起的新道路", 『文匯報』(3月 21日).
丁曉燕. 1996. "韓國對外投資的發展", 『當代亞太』, 第2期.
趙寶煦. 1998. "東北亞的安全餘合作問題", 梁守德 主編, 『面向21世紀的中國國際戰略』, 北京 : 中國社會科學出版社.
周建濤. 1998. "韓國金融危機剖析", 『現代國際關係』, 第2期.
周茂清. 2000. "淺談中韓經貿合作", 『當代亞太』, 第11期.
朱峰. 2003. "六方會談後的朝核危機 : 問題與前景", 『現代國際關係』, 第9期.
中國現代國際關係研究所. 2002. 『信息革命與國際關係』, 北京 : 時事出版社.
中國現代國際關係研究所 民族與宗教研究中心. 2002. 『上海合作組織 : 新安全觀與新機制』, 北京 : 時事 出版社.
陳喬之 等. 2001. 『冷戰後東盟國家對華政策研究』, 北京 : 中國社會科學出版社.
陳龍山. 2000. "朝韓歷史性峰會的前景及意義展望", 『東北亞論壇』, 第8期.
______. 2002. "我觀朝鮮經濟", 『當代亞太』, 第9期.
______韓今玉. 1998. "朝鮮半島南北關係新動向", 『國際展望』.
陳峰君. 1999a. 『當代亞太政治與經濟析論』, 北京 : 北京大學出版社.
______. 1999b. "金融危機後對東亞模式的再思考", 『現代國際關係』, 第3期.
陳周旺. 2000. "金大中政治思想與韓國政黨政治的轉型", 『當代亞太』, 第8期.
俞邃. 2004. "世界多極化研究", 『世界經濟與政治』, 2004年 3期.
蔡拓 等 著. 2002. 『全球問題與當代國際關係』, 天津 : 天津人民出版社.
戚保良. 2000. "朝鮮半島南北關係的歷史性突破", 『現代國際關係』, 第5期.
肖佳靈. 2003. 『國家主權論』, 北京 : 時事出版社.
肖煉. 1999. "是公平競爭還是霸權主義 : 美國對外經濟全球戰略分析", 『人民日報』, 6月 8日.
楚樹龍. 1997. "亞太地域安全觀 : 安全結構和安全戰略", 『現代國際關係』, 第5期.
焦潤明. 1995. "韓國經濟勝飛的文化動力問題", 『當代亞太』, 第2期.
肖楓. 1999a. "論美國霸權主義的新發展", 『人民日報』(5月 27日).
______. 1999b. "美全球戰略下的世界走向", 『人民日報』(5月 31日).
崔志鷹. 1997. "日朝關係的回顧與展望", 『現代國際關係』, 第9期.
______. 1998. "韓國新總統當選後的內外政策走向", 『社會科學』, 第3期.
秋石. 2004. "世界多極化在曲折中發展", 『求是』, 2004年 2期.
沈國放. 2003. "當今世界的多極化趨勢和大國關系", 『中國黨政幹部論壇』, 2003年 1期.
沈驥如. 1999. "當今世界面臨七大凶兆", 『東亞經貿新聞』(5月 24日).
______. 2003. "維護東北亞安全的當務之急", 『世界經濟與政治』, 第9期.
夏立平. 2004. "論中國和平崛起的重要戰略機遇期", 『毛澤東鄧小平理論研究』, 第1期.
何芳. 1996. "過渡時期的國際形勢", 楊犏, 『2000 : 世界向何處去?』, 北京 : 中國廣播電視出版社.

郝雨凡·張燕冬 主編. 2001.『限制性接觸：布甚政府對華政策走向』, 北京：新華出版社.

韓今玉. 2001. "淺談朝韓經濟共同體", 『當代亞太』, 第6期.

韓鎭涉. 1996. "中韓政治關係的回顧與展望", 『當代亞太』, 第2期.

______. 2000. "發展中韓關係：迎接21世紀的挑戰", 『當代亞太』(第1期).

許嘉 主編. 2003.『冷戰後中國周邊安全態勢』, 北京：軍事科學出版社.

黃碩風. 1999.『綜合國力新論：兼論新中國綜合國力』, 北京：中國社會科學出版社.

黃碩風. 1999.『綜合國力新論：兼論新中國綜合國力』, 北京：中國社會科學出版社.

黃正基. 1997. "世界多極化趨勢不可抗拒", 『國際戰略研究』, 第46券 4號.

______. 2000. "發展中韓關係：迎接21世紀的挑戰", 『當代亞太』, 第1期.

黃仁偉·劉傑. 2003.『國家主權新論』, 北京：時事出版社.

A Council on Foreign Relations, ed. 2002. *The Rise of China,* New York：W. W. Norton & Company.

Acharya, Amitav. 1997a. "Ideas, identity and institution-building：from the 'ASEAN way' to the 'Asia-Pacific way'", *The Pacific Review*, Vol. 10, No. 3.

______. 1997b. "Multilateralism：Is There An Asia-Pacific Way?", *NBR Analysis*(The National Bureau of Asian Research), Vol. 8, No. 2.

Aidan Foster-Carter. 2005. "The Six-Party Failure", *PacNet*(Pacific Forum CSIS), no. 6A(February 11).

Axelrod, Robert and Robert, Keohane. 1985. "Achieving Cooperation Under Anarchy：Strategies and Institution", *World Politics*, Vol. 38, No. 1.

Barnett, A. Doak. 1985. *The Making of Foreign Policy in China：Structure and Process,* Boulder, CO：Westview Press.

Becker, Jasper. 2003. "China's Influence is Limited", *International Herald Tribune* (October 10).

Bedeski, Robert E. 1995. "Sino-Korean Relations：Triangle of Tension or Balancing a Divided Peninsula?", *International Journal*, Vol. L, No. 3.

Beehner, Lionel. 2006. "The Rise of the Shanghai Cooperation Organization", *Backgrounder* (June), Council on Foreign Relations, www. cfr.org/publication/10883/ rise_of_ the_shanghai_cooperation_organization.html#1.

Bernstein, Richard and Ross H., Munro. 1998. *The Coming Conflict with China,* New York：Alfred Knopf.

Betts, Richard. 1996. "Wealth, Power, and Instability：East Asia and the United States After the Cold War", in *East Asian Security*, ed. by Michael E. Brown, Sean M. Lynn-Jones and Steven E. Miller, Cambridge, Mass：The MIT Press.

Brad Glosserman. 2006. "Japan-U.S. Security Relations：Staying the Course in a New Era", *Issues & Insights*, vol. 6, no. 16(February).

Brahm, Laurence J. 1996. *China As No. 1: The New Superpower Takes Centre Stage,* Singapore : Butterworth-Heinemann Asia.

Brown, Michael E. et al. 2000. *The Rise of China,* Cambridge, MA : The MIT Press.

Bruce Klingner. 2004. "'Peaceful rising' seeks to allay 'China threat'", *Asia Times*(March 12).

Caporaso, James A. 1993. "International Relations Theory and Multilaterlaism : The Search for Foundations", in *Multilateralism Matters,* ed. by John Gerard Ruggie, New York : Columbia University Press.

Carlson, Allen. 2002. "Protecting Sovereignty, Accepting Intervention : The Dilemma of Chinese Foreign Relations in the 1990s", *China Policy Series*(National Committee on United States-China Relations), No. 8(September), www.ncuscr.org/Publi cations/Full_Text_Booklet%20_Final_Format.pdf.

Carter, Ashton B. 2001/2002. "The Architecture of Government in the Face of Terrorism", *International Security,* Vol. 26, No. 3.

Cha, Victor D. 1999. "Engaging China : the View from Korea", in *Engaging China : the Management of an Emerging power,* ed. by Alastair Iain Johnston and Robert S. Ross, London and New York : Routledge.

Cha, Victor D. and David C. Kang. 2004. "The Debate over North Korea", *Political Science Quarterly,* Vol. 119, No. 2.

Chan, Gerald. 2001. "Power and Responsibility in China's International Relations", in Yongjin Zhang and Greg Austin, eds., *Power and Responsibility in Chinese Foreign Policy,* Asia Pacific Press.

Chang, Gordon G. 2001. *The Coming Collapse of China,* New York : Random House.

Chen, Jian. 2003. "Limits of the 'Lips and Teeth' Alliance : An Historical Review of Chinese-North Korean Relations", *Asia Program Special Report,* No. 115 (September).

Chongkittavorn, Kavi. 2000. "ASEAN Has a Role in Taiwan Stratis", *The Nation*(January 24), www.taiwansecurity.org/./news/nation-01242000-asean.htm.

Christensen, Thomas J. 1999. "Pride, Pressure, and Politics : The Roots of China's Worldview", in *In the Eyes of the Dragon : China Views the World,* eds. by Yong Deng and Fei-Ling Wang, New York : Rowman & Littlefield Publisher.

______. 2001. "Posing Problems without Catching Up : China's Rise and Challenges for U.S. Security Policy", *International Security,* Vol. 25, No. 4.

Chung, Jae Ho. 2001. "South Korea Between Eagle and Dragon", *Asian Survey,* Vol. 41, No. 5.

Deng, Xiaoping. 1982~92. *Selected Works of Deng Xiaoping,* Beijing : People's Daily, Vol. 3, http ://www.people.com.cn/english/dengxp/contents3.html.

Deng, Yong. 1999. "Conception of National Interests : Realpolitik, Liberal Dilemma, and the Possibility of Change", in *In the Eyes of Dragon : China Views the World*, eds. by Yong Deng and Fei-Ling Wang, New York : Rowman & Littlefield Publishers.

_____. 2001. "Hegemon on the Offensive : Chinese Perspectives on U.S. Global Strategy", *Political Science Quarterly*, Vol. 116, No. 3.

Deng, Yong and Wang Fei-Ling, eds. 2005. *China Rising : Power and Motivation in Chinese Foreign Policy,* New York : Rowman & Littlefield Publishers, Inc.

Deutsch, Karl W. and David J. Singer. 1964. "Multipolar Power Systems and International Stability", *World Politics*, Vol. 16, No. 36.

Dewitt, David B. 1994. "Common, Comprehensive and Cooperative Security", *Pacific Review*, Vol. 7, No. 1.

Ding, Arthur. 1996. "China's Defence Finance : Content, Process and Administration", *The China Quarterly*, No. 146.

Doyle, Michael. 1996. "Liberalism and World Politics", *American Political Science Review,* Vol. 80, No. 4.

Eberstadt, Nicholas. 2004a. "Tear Down This Tyranny", *The Weekly Standard,* Vol. 10, No. 11, www.weeklystandard.com/Content/Public/Articles/000/000/004/ 951szxxd.asp.

_____. 2004b. "The Persistence of North Korea", *Policy Review,* No. 127, www. policyreview.org/oct04/eberstadt.html.

Economy, Elizabeth and Michel Oksenberg eds. 1999. *China Joins the World : Progress and Prospects,* New York : A Council on Foreign Relations Press.

Eland, Ivan. 2003. "Is Chinese Military Modernization a Threat to the United States?", *Policy Analysis*, No. 465, www.cato.org/pubs/pas/pa465.pdf(2003년 4월 18일 검색).

Evans, Gareth. 1994. *Cooperating for Peace : The Global Agenda for the 1990s and Beyond,* New York : Allen & Unwin.

Evans, Paul M. 1996. "The New Multilateralism and the Conditional Engagement of China", in *Weaving the New : Conditional Engagement with China*, ed. by James Shinn, New York : Council on Foreign Relations Press.

Finkelstein, David M. and Maryanne Kivlehan eds. 2003. *China's Leadership in the 21st Century : The Rise of the Fourth Generation*, Armonk, NY : M.E. Sharpe.

Flanagan, Stephen J. 2001. "Meeting the Challenges of the Global Century", in *The Global Century : Globalization and National Security,* Washington D.C. : National Defense University Press.

Foot, Rosemary. 1998. "China in the ASEAN Regional Forum : Organizational Processes and Domestic Modes of Thought", *Asian Survey*, Vol. XXXVIII, No. 5.

Friedman, Thomas. 1999. *The Lexus and the Olive Tree,* New York : Farrar, Straus & Giroux.

Frost, Ellen L. 1999. "Globalization and National Security : A Strategic Agenda", in *The Global Century : Globalization and National Security,* Washington D.C. : National Defense University Press.

Fukuyama, Francis. 1992. *The End of History and the Last Man,* New York : Avon Books.

Gaddis, John Lewis. 1982. *Strategies of Containment : A Critical Appraisal of Postwar American National Security Policy,* Oxford : Oxford University Press.

Garrett, Banning and Bonnie Glaser. 1994. "Multilateral Security in the Asia-Pacific Region and its Impact on Chinese Interests : Views from Beijing", *Contemporary Southeast Asia,* Vol. 16, No. 1.

Garver, John W. 1992. "China's Push Through the South China Sea : The Interaction of Bureaucratic and National Interests", *The China Quarterly,* No. 132.

Gertz, Bill. 1999. *Betrayal : How the Clinton Administration Undermined American Security* , Washington D.C.: Regnery Publishing Co., 1999.

______. 2000. *The China Threat : How the People's Republic Targets America,* New York : Regnery Publishing.

Gill, Bates. 1999. "Chinese Defense Procurement Spending : Determining Intentions and Capabilities", in *China's Military Faces the Future,* eds. by James R. Lilley and David Shambaugh, Armonk, NY : M.E.Sharpe.

______. 2001a. "Discussion of 'China : a responsible great power'", *Journal of Contemporary China,* Vol. 10, No. 26.

______. 2001b. "Two Steps Forward, One Step Back : The Dynamics of Chinese Nonproliferation and Arms Control Policy-Making in an Era of Reform", in *The Making of Chinese Foreign and Security Policy in the Era of Reform,* ed. by David M. Lampton, Stanford, CA : Stanford University Press.

Gilpin, Robert L. 1981. *War and Changes in World Politics,* New York : Cambridge University Press.

Glaser, Bonnie S. and Phillip C. Saunders. 2002. "Chinese Civilian Foreign Policy Institutes : Evolving Roles and Increasing Influence", *The China Quarterly,* No. 171.

Glaser, Charles L. 1994/1995. "Realists as Optimists : Cooperation as Self-help", *International Security,* Vol. 19, No. 3.

Goodman, David S. G. and Gerald Segal eds. 1997. *China Rising : Nationalism and Interdependence,* New York : Routledge.

Guo, Feixiong. 2004. "China's Role and Objectives in the North Korean Nuclear Crisis",

China Strategy(CSIS), Vol. 3.

Hachigian, Nina. 2005. "China's Stake in a Nonnuclear North Korea", Commentary(Rand Corporation, www.rand.org/commentary/021705CSM.html.

Han, Sukhee. 2002. "Globalization and Socialization", *Global Economic Review*, Vol. 31, No. 2.

______. 2004. "Alliance Fatigue amid Asymmetrical Interdependence : Chinese-North Korean Relations in Flux", *The Korean Journal of Defense Analysis*, Vol. XVI, No. 1.

Harrison, Selig S. 2005. "Did North Korea Chaet?", *Foreign Affairs*, Vol. 84, No. 1.

He, Kai. 1998. "Looking Back and to the Future on China-ASEAN Relations", *Beijing Review*(2. 23~3. 1).

Held, David et al. 1999. *Global Transformation,* Stanford : Stanford University Press.

Heymann, Philip B. 2001. "Dealing with Terrorism : An Overview", *International Security*, Vol. 26, No. 3.

Horowitz, Michael. 2004. "Who's Behind That Curtain? Unveiling Potential Leverage over Pyongyang", *The Washington Quarterly*, Vol. 28, No. 1.

Huntington, Samuel P. 1996. *The Clash of Civilizations and the Remaking of the World Order,* New York : Simon & Schuster.

International Crisis Group. 2006a. "North Korea's Nuclear Test : The Fallout", *Asia Report,* No. 56(November 12).

______. 2006b. "China and North Korea : Comrades Forever?", *Asia Report*, No. 112 (February 1).

Jacobson, Harold K. and Michel Oksenberg. 1990. *China's Participation in the IMF, the World Bank, and GATT : Toward a Global Economic Order,* Ann Arbor : The University of Michigan Press.

Jaewoo Choo. 2003. "China's Plans for a Regional Security Forum", *Asia Times*(October 17).

Jane Skanderup. 2002. "Japan-U.S. Security Relations Post 9/11 : Maintaining the Momentum-A Conference Report", *Issues & Insights*(CSIS), vol. 2, no. 4 (March 4).

Jepperson, Ronald L., Alexander Wendt and Peter J. Katzenstein. 1996. "Norms, Identity, and Culture in National Security", in *The Culture of National Security : Norms and Identity in World Politics*, ed. by Peter J. Katzenstein, New York : Columbia University Press.

Jervis, Robert. 1978. "Cooperation under the Security Dilemma", *World Politics*, No. 30.

Jia, Qingguo. 2001. "US-China Relations after 11 September : Time for a Change", *Pacific Forum CSIS, PacNet 50*(December 14).

Jiang Xiyuan. 2003. "DPRK Nuke Problem and New Framework of Multilateral Security Cooperation in Northeast Asia", *SIIS Journal*, Vol. 10, No. 4.

Johnston, Alastair Iain. 1995. *Cultural Realism : Strategic Culture and Grand Strategy in Chinese History*, Princeton, NJ : Princeton University Press.

______. 1996. "Learning Versus Adaptation : Explaining Change in Chinese Arms Control Policy in the 1980s and 1990s", *The China Journal*, No. 351.

______. 1998. "China's Militarized Interstate Dispute Behavior, 1949~1992 : A First Cut at the Data", *China Quarterly*, No. 153.

______. 1999. "The Myth of the ASEAN Way? Explaining the Evolution of the ASEAN Regional Forum", in *Imperfect Union : Security Institutions in Time and Space*, eds. by Helga Haftendorn, Robert Keohane and Celeste Wallander, London : Oxford University Press.

______. 2003. "Is China a Status Quo Power?", *International Security*, Vol. 27, No. 4.

______. 2006. *New Directions in the Study of China's Foreign Policy*, Stanford, CA : Stanford University Press.

______and Paul Evans. 1999. "China's Engagement with Multilateral Security Institutions", in *Alastair Iain Johnston and Robert S. Ross, Engaging China : The Management of an Emerging Power*, New York : Routledge.

______and Robert S. Ross, eds. 1999. *Engaging China : the management of an emerging power*, New York : Routledge.

Keith Bradsher. 2005. "North Korea's Statement Puts China in a Quandary", *The New York Times*(February 10).

Keohane, Robert O. 1984. *After Hegemony : Cooperation and Discord in the World Political Economy*, Princeton, NJ : Princeton University Press.

Khalilzad, Zalmay. 1999a. "Congage China", *Rand Issue Papers*, IP-187.

______. 1999b. *The United States and a Rising China*, Santa Monica, CA : RAND.

Kim, Samuel S. 1992. "International Organizations in Chinese Foreign Policy", *Annals*, No. 519.

______. 1998. "Chinese Foreign Policy in Theory and Practice", in Samuel S. Kim, ed., *China and the World : Chinese Foreign Policy Faces the New Millennium*, Boulder, CO : Westview Press.

______. 2001. "The Making of China's Korea Policy in the Era of Reform", in David M. Lampton, ed. *The Making of Chinese Foreign and Security Policy in the Era of Reform*, Stanford, CA : Stanford University Press.

______. 2003a. "China and North Korea in a Changing World", *Asia Program Special Report*(Woodrow Wilson International Center for Scholars), No. 115.

______. 2003b. "China's Path to Great Power Status in the Globalization Era", *Asian*

Perspective, Vol. 27, No. 1.

Kim, Samuel S. and Dittmer Lowel. 1993. *China's Quest for National Identity, Ithaca*, N.Y. : Cornell University Press.

Kim, Samuel S. and Tai Hwan Lee. 2002. "Chinese-North Korean Relations : Managing Asymmetrical Interdependence", in Samuel S. Kim and Tai Hwan Lee, eds., *North Korea and Northeast Asia,* New York : Rowman & Littlefield.

Kim, Taeho. 1998. "A Reality Check : The 'Rise of China' and Its Military Capability Toward 2010", *Journal of East Asian Affairs*, Vol. 12, No. 2.

______. 2002. "South Korea and a Rising China : Perceptions, Policies and Prospects", in *China Threat : Perceptions, Myths and Reality,* eds. by Herbert Yee and Ian Storey, New York : RoutledgeCurzon.

Kotch, John Barry. 2005. "Six-Party Talks : The Way Forward", *Korea Observer*, Vol. 36, No. 1.

Krasner, Stephen D. 1983. "Regimes and the Limits of Realism : Regimes as Autonomous Variables", in *International Regimes*, ed. by Krasner, Ithaca, NY : Cornell University Press.

Krasner, Stephen D. 1999. *Sovereignty : Organized Hypocrisy,* Princeton : Princeton University Press.

Krauthammer, Charles. 1990/1991. "The Unipolar Moment", *Foreign Affairs*, Vol. 70, No. 1.

Kristof, Nicholas D. 1993. "The Rise of China", *Foreign Affairs*, Vol. 72, No. 5.

Kugler, Richard L. and Ellen L. Frost, eds. 2001. *The Global Century : Globalization and National Security, two volumes,* Washington, DC : National Defense University Press.

Kwon, Youngmin. 2002. *Regional Community-Building in East Asia,* Seoul : Yonsei University Press.

Lam, Willy. 2004. "Beijing's North Korean Gambit", *China Brief*, Vol. IV, issue 21(October 28).

______. 2005. "U.S.-Japan Security Declaration Causes China to Reconsider Stance on North Korea," *China Brief*, vol. V, issue 5(March 1).

Lampton, David M. 2001a. *The Making of Chinese Foreign and Security Policy in the Era of Reform,* Stanford, CA : Stanford University Press.

______. 2001b. *Same Bed Different Dreams : Managing U.S.-China Relations, 1989~2000,* Berkeley, CA : University of California Press.

Lee, Chae-Jin. 1996. *China and Korea : Dynamic Relations*, Stanford, CA : Hoover Press.

Leifer, Michael. 1996. "The ASEAN Regional Forum", *Adelphi Paper*, No. 302.

Leon V. Segal. 2000. "How to End the North Korean Missile Threat," in Chung-in

Moon, Masao Okonogi, and Mitchell B. Reiss, eds., *The Perry Report, The Missile Quagmire, and the North Korean Question*: *The Quest for New Alternatives,* Seoul : Yonsei University Press, 2000.

Levy, Jack S. 1994. "Learning and foreign policy : sweeping a conceptual minefield", *International Organization*, Vol. 48, No. 2.

Li, Cheng. 2001. *China's Leaders*: *The New Generation,* Lanham : Rowman & Littlefield.

Lin, Gang and Xiaobo Hu, eds. 2003. *China after Jiang,* Stanford, CA : Stanford University Press.

Lin, Liu. 2006. "The North Korean Nuclear Test and Its Implications", *Silk Road Paper*(November), Silk Road Program, Central Asia-Caucasus Institute, www. silkroad studies.org/new/docs/silkroadpapers/2006/LiuLin%20Final061204.pdf.

Liu, Ming. 2004. "Opportunities and Challenges for Sino-American Cooperation on the Korean Peninsula", *The Korean Journal of Defense Analysis*, Vol. XVI, No. 1.

Lu, Ning. 1997. *The Dynamics of Foreign-Policy Decisionmaking in China,* Boulder, CO : Westview Press.

______. 2001. "The Central Leadership, Supraministry coordinating Bodies, State Council Ministries, and Party Departments", in *The Making of Chinese Foreign and Security Policy in the Era of Reform, 1978~2000,* ed. by David Lampton, Stanford, CA : Stanford University Press.

Martin, Lisa L. 1993. "The Rational Choice State of Multilateralism", in *Multilateralism Matters*: *The Theory and Praxis of an Institutional Form,* ed. by John Gerard Ruggie, New York : Columbia University Press.

Mearsheimer, John. 1990. "Back to the Future : Instability in Europe after the Cold War", *International Security*, Vol. 15, No. 1.

Medeiros, Evan S. and Taylor M. Fravel. 2003. "China's New Diplomacy", *Foreign Affairs*, Vol 82, No. 6.

Moore, Thomas G. 2000. "China and Globalization", in *East Asia and Globalization,* ed. by Samuel S. Kim, New York : Rowman & Littlefield Publishers.

Mosher, Steven W. 2000. *Hegemon*: *China's Plan to Dominate Asia and the World,* San Francisco : Encounter Books.

Munro, Ross H. 1992. "Awakening Dragon : The Real Danger in Asia is from China", *Policy Review*, No. 62.

Nathan, Andrew Zhaohui J. Hong and Steven R. Smith, eds. 1999. *Dilemmas of Reform in Jiang Zemin's China,* Boulder : Lynne Rienner Publishers.

Nye, Joseph, Jr. 1990. *Bound to Lead*: *The Changing Nature of American Power,* New York : Basic Books.

______. 2004. *Soft Power*: *The Means to Success in World Politics,* New York : Public

Affairs.

Oh, Kongdan and Ralph C. Hassig. 2004. "North Korea's Nuclear Politics", *Current History,* Vol. 103, No. 674.

Overholt, William H. 1993a. *The Rise of China* : *How Economic Reform is Creating a New Superpower,* New York : W.W. Norton & Company.

______. 1993b. *China* : *The Next Economic Superpower,* London : Weidenfeld and Nicolson.

Pan, Philip. 2003. "China Treads Carefully around North Korea", *Washington Post* (January 10).

Pang, Zhongying. 2004a. "Building Regional Security System", *China Daily*(March 26).

______. 2004b. "Building a Regional Security Mechanism", *PacNet*(Pacific Forum CSIS), No. 13A(April 5).

Park, John S. 2003. "A Chinese Roadmap for Korea", *Asian Wall Street Journal*(June 30).

Peter Brookes. 2003. "The Six Party Talks : Same Bed, Different Dreams", *WebMemo* No. 331(August 6).

Peter Haas. 1992. "Introduction : Epistemic communities and international policy coordination", *International Organization,* Vol. 46, No. 1.

Peter Hays Gries. 2004. *China's New Nationalism* : *Pride, Politics, and Diplomacy,* Berkeley, C.A. : University of California Press.

Pillsbury, Michael. 2000. "The Multipolarity Debate", in *China Debates the Future Security Environment,* Washington, DC : National Defense University Press, www.fas.org/nuke/guide/china/doctrine/pills2/part01.htm.

Posen, Barry R. 2001. "The Struggle against Terrorism : Grand Strategy, Strategy, and Tactics", *International Security,* Vol. 26, No. 3.

Rachman, Gideon. 1996. "Containing China", *Washington Quarterly,* Vol. 19, No. 1.

Ralph A. Cossa. 2005. "Pyongyang Raises the Stakes", *PacNet,* no. 6(February 10).

Roach, Stephen. 2001. "Global : Getting China Right", *Global Economic Forum*(April 30).

Rohwer, Jim. 1995. *Asia Rising,* New York : Simon & Schuster.

Ross, Robert S. 1997. "Beijing as a Conservative Power", *Foreign Affairs,* Vol. 76, No. 2.

______. 1999. "Engagement in US China Policy", in *Engaging China,* New York, Routledge.

Roy, Denny. 1994. "Hegemon on the Horizon? : China's threat to East Asian Security", *International Security,* Vol. 19, No. 1.

______. 1996. "The 'China Threat' Issue : Major Arguments", *Asian Survey,* Vol. 3, No. 8.

______. 1998. *China's Foreign Relations* (Lanham, M.D.: Rowman & Littlefield.

______. 2003. "China's Reaction to American Predominance", *Survival,* Vol. 45, No. 3.

Ruggie, John Gerard, ed. 1992. "Multilateralism : The Anatomy of an Institution",

International Organization, Vol. 46, No. 3.

________. 1993. *Multilateralism Matters : The Theory and Praxis of An Institution Form*, New York : Columbia University.

Saunders, Phillip C. 2000. "China's America Watchers : Changing Attitudes Towards the United States", *The China Quarterly*, No. 161.

Schweller, Randall L. 1994. "Bandwagoning for profit : Bringing the revisionist state back in", *International Security*, Vol. 19, No. 1.

________. 1999. "Managing the Rise of Great Powers : History and theory", in *Engaging China : The management of an emerging power*, eds. by Alastair Iain Johnston and Robert S. Ross, New York : Routledge.

Segal, Gerald. 1996. "East Asia and the 'Constrainment' of China", *International Security*, Vol. 20, No. 4.

________. 1999. "Does China Matter?", *Foreign Affairs*, Vol. 78, No. 5.

Scobell, Andrew. 1987. "China's national security research bureaucracy", *The China Quarterly*, No. 110.

________. 1988. "China's America watchers", *Problems of Communism*, Vol. 37, No. 3-4.

________. 1991. *Beautiful Imperialist : China Perceives America, 1972~1990*, Princeton : Princeton University Press.

________. 1996. "Containment or Engagement of China? Calculating Beijing's Responses", *International Security*, Vol. 21, No. 2.

________. 1997. "Chinese Hegemony over East Asia by 2015?", *Korean Journal of Defense Analysis*, Vol. 9, No. 1.

________. 1999/2000. "China's Military Views the World : Ambivalent Security", *International Security*, Vol. 24, No. 39.

________. 2000. "Sino-American Strategic Relations : From Partners to Competitors", *Survival*, Vol. 42, No. 1.

________. 2001. "China or America : Which is the Revisionist Power?", *Survival*, Vol. 43, No. 3.

________. 2003. "China and the Korean Peninsula : Playing for the Long Term", *The Washington Quarterly*, Vol. 26, No. 2.

________. 2004. "China and North Korea : From Comrades-in-arms to Allies at Arm's Length", *SSI, Strategic Studies Institute*(March) Monograph, www.carlisle.army. mil/ssi/pdffiles/PUB373.pdf.

Shambaugh, David. 2004. "Sino-American Relations since September 11 : Can the New Stability Last?" in Guoli Liu, ed., *Chiense Foreign Poicy in Transition*, New York : Aldine D Gruyter.

Shen, Dingli. 2001. "International Relations in the Aftermath of 11 September", *Nautilus*

Special Forum(#SF-23)(October 9).

______. 2005. "Accepting a Nuclear North Korea", *Far Eastern Economic Review*, Vol. 168, No. 3.

Shinn, James ed. 1996. *Weaving the Net*: *Conditional Engagement with China,* New York : Council on Foreign Relations Press.

Sigal, Leon V. 1998. *Disarming Strangers*: *Nuclear Diplomacy with North Korea,* Princeton, N.J. : Princeton University Press.

Shirk, Susan L. 1994. "Chinese Views on Asia-Pacific Regional Security Cooperation", *NBR Analysis*(The National Bureau of Asian Research), Vol. 5, No. 5.

Sutter, Robert. 2002. "China's Recent Approach to Asia : Seeking Long Term Gains", *NBR Analysis*(The National Bureau of Asian Research), Vol. 13, No. 17.

Swaine, Michael D. and Alastair I. Johnston. 1999. "China and Arms Control Institutions", in *China Joins the World*: *Progress and Prospects,* eds. by Elizabeth Economy and Michel Oksenberg, New York : Council on Foreign Relations Press.

Tang, Shiping and Peter H. Gries. 2002. "China's Security Strategy : From Offensive to Defensive Realism and Beyond", *EAI Working Paper*(East Asian Institute, National University of Singapore), No. 97.

Tkacik, Jr. John J. 2005. "China is Using North Korea as Leverage", *The Wall Street Journal*(February 21).

Tkacik, John. 2002. "China's Korea Conundrum", *Asian Wall Street Journal*(December 2).

Valencia, Mark J. 1995. "China and the South China Sea Disputes", Adelphi Paper, No. 298.

Waldron, Arthur. 1995. "Deterring China", *Commentary*, Vol. 100, No. 4.

Wallander, Celeste A., Helga Haftendorn and Robert O. Keohane. 1999. "Introduction", in *Imperfect Unions*: *Security Institutions over Time and Space,* eds. by Haftendorn, Keohane and Wallander, New York : Oxford University Press.

Walt, Stephen M. 1987. *The Origins of Alliance,* Ithaca, NY : Cornell University Press.

Waltz, Kenneth. 1964. "The Stability of a Bipolar World", *Daedalus*, Vol. 93, No. 3.

______. 1979. *Theory of International Politics,* New York : McGraw-Hill.

Wanandi, Jusuf. 1996. "ASEAN's China Strategy : Towards Deeper Engagement", *Survival*, Vol. 38, No. 3.

Wang, Hongying. 2000. "Multilateralism in Chinese Foreign Policy : The Limits of Socialization?" in *China's International Relations in the 21st Century,* eds. by Weixing Hu, Gerald Chan, and Daojiong Zha, New York : University Press of America.

______. 2003. "National Image Building and Chinese Foreign Policy", *China*: *An*

International Journal, Vol. 1, No. 12.

Wang, Jianwei. 1999. "Managing Conflict : Chinese Perspectives on Multilateral Diplomacy and Collective Security", in *In the Eyes of the Dragon : China Views the World*, eds. by Yong Deng and Fei-Ling Wang, New York : Rowman & Littlefield Publisher.

______. 2005. "Beijing's Legal Preemption", *PacNet*, No. 5A(February 4).

Wang, Jisi. 2004. "China's Changing Role in Asia", *The Atlantic Council Occasional Paper*(January), http://www.acus.org/Publications/occasionalpapers/Asia/WangJisi_Jan_04.pdf.

______. 2005. "China's Search for Stability With America", *Foreign Affairs*, Vol. 84, No. 5.

Wang, Shaoguang. 1996. "Estimating China's Defence Expenditure : Some Evidence from Chinese Sources", *The China Quarterly*, No. 147.

Wang, Yiwei. 2004. "The Dimensions of China's Peaceful Rise", *Asia Times*(May 14).

______. 2005. "China's Roile in Dealing with the North Korean Nuclear Issue", *Korea Observer*, Vol. 36, No. 3.

Wendt, Alexander. 1999. *Social Theory of International Politics*, Cambridge : Cambridge University Press.

Whiting, Allen S. 1997. "ASEAN Eyes China", *Asian Survey*, Vol. XXXVII, No. 4.

Wit, Joel S. et al. 2004. *Going Critical : The First North Korean Nuclear Crisis*, Washington, D.C. : Brookings Institution Press.

Wohlforth, William C. 1999. "The Stability of a Unipolar World", *International Security*, Vol. 24, No. 11.

Wong, John and Yongnian Zheng. eds. 2002. *China's Post-Jiang Leadership Succession : Problems and Perspectives*, Singapore : Singapore University Press and World Scientific.

Wu, Anne. 2005. "What China Whispers to North Korea", *The Washington Quarterly*, Vol. 28, No. 2.

Wu, Baiyi. 2001. "The Chinese Security Concept and its Historical Evolution", *Journal of Contemporary China*, Vol. 10, No. 27.

Wu, Xinbo. 2001. "Four Contradictions Contrasting China's Foreign Policy Behavior", *Journal of Contemporary China*, Vol. 10, No. 27.

______. 2004. "The Promise and Limitations of a Sino-U.S. Partnership", *The Washington Quarterly*, Vol. 27, No. 4.

Xia, Liping. 2001. "China : a responsible great power", *Journal of Contemporary China*, Vol. 10, No. 26.

Yahuda, Michael. 1997. "How much has China learned about Interdependence", in *China Rising : Nationalism and Interdependence*, eds. by David S. G. Goodman and Gerald Segal, New York : Routledge.

Yee, Herbert and Storey An. 2002. *The China Threat*: *Perceptions, Myths and Reality,* New York : Routledge.

You, Ji. 2001. "China and North Korea: a Fragile Relationship of Strategic Convenience", *Journal of Contemporary China,* Vol. 10, No. 28.

______. 2005. "Understanding China's North Korea Policy", *China Brief* (The Jamestown Foundation), Vol. IV, No. 5.

Zhang, Yongjin and Greg Austin. 2001. *Power and Responsibility in Chinese Foreign Policy,* Canberra : Asia Pacific Press.

Zhao, Suisheng. 2000. "Chinese Nationalism and Its International Orientation", *Political Science Quarterly,* Vol. 115, No. 1.

______. 2004. "The Making of China's Periphery Policy", in Suisheng Zhao, ed. *Chinese Foreign Policy*: *Pragmatism and Strategic Behavior,* Armonk, NY : M.E. Sharpe, Inc.

Zheng, Yongnian. 1999. *Discovering Chinese Nationalism in China*: *Modernization, Identity, and International Relations,* New York : Cambridge University Press.

Zhu, Feng. 2004. "China's Policy on the North Korean Nuclear Issue", *China Strategy* (CSIS), Vol. 3.